陳福成 70 自編年表

— 所見所做所寫事件簿

陳　福　成　著

文　學　叢　刊

文史哲出版社印行

國家圖書館出版品預行編目資料

陳福成 70 自編年表：所見所做所寫事件簿
/ 陳福成著.-- 初版 -- 臺北市：文史哲出
版社,民 111.05
頁；　公分--（文學叢刊；459）
ISBN 978-986-314-605-6（平裝）

1. CST：陳福成 2. CST：自傳
3. CST：臺灣

783.3886　　111007812

文學叢刊 459

陳福成 70 自編年表
— 所見所做所寫事件簿

著 者：陳 福 成
出 版 者：文 史 哲 出 版 社
http:// www.lapen.com.tw
e-mail：lapen@ms74.hinet.net
登記證字號：行政院新聞局版臺業字五三三七號
發 行 人：彭 正 雄
發 行 所：文 史 哲 出 版 社
印 刷 者：文 史 哲 出 版 社
臺北市羅斯福路一段七十二巷四號
郵政劃撥帳號：一六一八〇一七五
電話886-2-23511028 · 傳真886-2-23965656

定價新臺幣四〇〇元

二〇二二年（民一一一年）五月初版

ISBN 978-986-314-605-6　10459

自　序：祖系源流與寫作人生

陳福成先生，祖籍四川成都，一九五二年出生在台灣省台中縣。筆名古晟、藍天、司馬千、鄉下人等，皈依法名：本肇居士。一生除軍職外，以絕大多數時間投入寫作，範圍包括詩歌、小說、政治（兩岸關係、國際關係）、歷史、文化、宗教、哲學、兵學（國防、軍事、戰爭、兵法），及教育部審定之大學、專科（三專、五專）、高中（職）等各級學校國防通識（軍訓課本）。

我的戶籍資料上寫著祖籍四川成都，小時候在九歲前住鄉下和土台客小孩玩在一起，之後搬進眷村長大。初中畢業（民57年6月），投考陸軍官校預備班十三期，三年後（民60）直升陸軍官校正期班四十四期，民國六十四年八月畢業，隨即分發野戰部隊服役，到民國八十三年四月轉台灣大學軍訓教官。到民國八十八年二月，我以台大夜間部（兼文學院）主任教官退休（伍），進入全職寫作高峰期。

我年輕時代也曾好奇問老爸：「我們家到底有沒有家譜？」

他說：「當然有。」他肯定說，停一下又說：「三十八年逃命都來不及了，現在有個鬼啦！」

兩岸開放前他老人家就走了，開放後經很多連繫和尋找，真的連鬼都沒有了，茫茫無垠的「四川北門」，早已人事全非了。

但我的母系家譜卻很清楚，母親陳蕊是台中縣龍井鄉人。她的先祖其實來台不算太久，按家譜記載，到我陳福成才不過第五代，大陸原籍福建省泉州府同安縣六都施盤鄉馬巷。

第一代祖陳添丁、妣黃嫣名申氏。從原籍移居台灣島台中州大甲郡龍井庄龍目井字水裡社三十六番地，移台時間不詳。陳添丁生於清道光二十年（庚子，一八四〇年）六月十二日，卒於民國四年（一九一五年），葬於水裡社共同墓地，坐北向南，他有二個兒子，長子昌，次子標。

第二代祖陳昌（我外曾祖父），生於清同治五年（丙寅，一八六六年）九月十四日，卒於民國廿六年（昭和十二年）四月二十二日，葬在水裡社共同墓地，坐東南向西北。陳昌娶蔡匏，育有四子，長子平、次子豬、三子波、四子萬芳。

第三代祖陳平（我外祖父），生於清光緒十七年（辛卯，一八九一年）九月二十五日，卒於（年略記）二月十三日。陳平娶彭宜（我外祖母），生光緒二十二年（丙申，一八九六年）六月十二日，卒於民國五十六年十二月十六日。他們育有一子五女，長子陳火，長女陳變、次女陳燕、三女陳蕊（筆者母親）、四女陳品、五女陳鶯。

以上到我母親陳蕊是第四代，到筆者陳福成是第五代，與我同是第五代的表兄弟姊妹共三十二人，目前大約已退休。我後來寫了一本《台中開發史：兼龍井陳家移台略考》（台北文史哲出版社，二〇一二年十一月）。該書主要寫台中從明末以來沿革史，兼略述我母系家族（龍井陳家），從福建省泉州府同安縣移民到台灣台中州龍井庄經過。

寫作是我一輩子的興趣，一個職業軍人怎會變成以寫作為一生志業，在我的幾本著作都詳述（如《迷航記》、《台大教官興衰錄》、《五十不惑》等）。我從軍校大學時代開始寫，從台大主任教官退休後，全力排除無謂應酬，更全力全心的寫。以下我把這些著作部分略為分類：（不含為教育部編著的大學、高中職《國防通識》十餘冊）

壹、兩岸關係

《決戰閏八月》、《防衛大台灣》、《解開兩岸十大弔詭》、《大陸政策與兩岸關係》、《三黨搞統一》。

壇》。

貳、國家安全

《國家安全與情治機關的弔詭》、《國家安全與戰略關係》、《國家安全論壇》。

參、中國學四部曲

《中國歷代戰爭新詮》、《中國近代黨派發展研究新詮》、《中國政治思想新詮》、《中國四大兵法家新詮：孫子、吳起、孫臏、孔明》。

肆、歷史、人類、文化、宗教、會黨

《神劍與屠刀》、《中國神譜》、《天帝教的中華文化意涵》、《奴婢妾匪到革命家之路：復興廣播電台謝雪紅訪講錄》、《洪門、青幫與哥老會研究》、《歷史與真相》、《大航海家鄭和》、《陸官44期福心會》、

伍、詩〈現代詩、傳統詩〉、文學

《幻夢花開一江山》、《赤縣行腳‧神州心旅》、《「外公」與「外婆」的詩》、《找尋一座山》、《春秋記實》、《性情世界》、《春秋詩選》、《八方風‧性情世界》、

《古晟的誕生》、《中國新詩百年名家作品欣賞》、《陳福成 2021 年短詩集》、《我的祖國行腳詩鈔》、《把腳印典藏在雲端》、《從魯迅文學醫人魂救國魂說起》、《60後詩雜記詩集》。

陸、現代詩（詩人、詩社）研究

《三月詩會研究》、《三月詩會二十年別集》、《向明等八家詩讀後》、《欣賞亞媺現代詩》、《流浪在神州邊陲的詩魂》、《漂泊在神州邊陲的詩魂》、《中國當代平民詩人王學忠》、《讀詩稗記》、《嚴謹與浪漫之間》、《一信詩學研究》、《胡其德現代詩臆說》。

柒、春秋典型人物研究、遊記

《山西芮城劉焦智「鳳梅人」報研究》、《在「鳳梅人」小橋上》、《我所知道的孫大公》、《孫大公思想主張手稿》、《漸凍勇士陳宏》、《金秋六人行》。

捌、小說、翻譯小說

《迷情・奇謀・輪迴》、《愛倫坡恐怖推理小說》、《蔣毛最後的邂逅》。

玖、散文、論文、雜記、詩遊記、人生小品

《一個軍校生的台大閒情》、《古道・秋風・瘦筆》、《頓悟學習》、《春秋正義》、《公主與王子的夢幻》、《洄游的鮭魚》、《男人和女人的情話真話》、《台灣邊陲之美》、《最自在的彩霞》、《從皈依到短期出家》、《梁又平事件後》。

拾、回憶錄體

《五十不惑》、《我的革命檔案》、《台大教官興衰錄》、《迷航記》、《最後一代書寫的身影》、《我這輩子幹了什麼好事》、《那些年我們是這樣寫情書的》、《那些年我們是這樣談戀愛的》、《台灣大學退休人員聯誼會第九任理事長記實》。

拾壹、兵學、戰爭

《孫子實戰經驗研究》、《第四波戰爭開山鼻祖賓拉登》。

拾貳、政治研究

《中國式民主政治研究要綱》、《政治學方法論概說》、《西洋政治思想概述》、《中國全民民主統一會北京行》。

拾參、中國命運、喚醒國魂

《大浩劫後‧日本 311 天譴說》、《台大逸仙學會》、《日本問題的終極處理》。

拾肆、地方誌、地區研究

《台北公館地區開發史》、《台中開發史》、《台北的前世今生》、《台北公館台大地區考古‧導覽》。

拾伍、現代詩體小說

《地瓜最後的獨白》、《印加最後的獨白》、《甘薯史記》、《芋頭史記》、《龍族魂》。

拾陸、其他

《英文單字研究》、《與君賞玩天地寬》（別人評論）、《非常傳銷學》、《新領導與管理實務》。

我這樣的分類並非很確定（另見書末著作目錄），如《謝雪紅訪講錄》，是人物誌，但也是政治，更是歷史，說得更白，是兩岸永恆不變又難分難解的「本質性」問題。

以上這些作品大約是目前（二〇二二年）已出版的半數，若以總數言，也大概就是這十多種分類。大約可以概括在「中國學」範圍，如我在每本書扉頁所述，以「生長在台灣的中國人為榮」，以創作、鑽研「中國學」，貢獻所能和所學為自我實現的途徑，以宣揚中國春秋大義、中華文化和促進中國和平統一為今生志業，直到生命結束。我這樣的人生，似乎滿懷「文天祥、岳飛式的血性」。

抗戰時期，胡宗南將軍曾主持陸軍官校第七分校（在王曲），校中有兩幅對聯，一是「升官發財請走別路、貪生怕死莫入此門」，二是「鐵肩擔主義、血手寫文章」。前聯原在廣州黃埔，後聯乃胡將軍胸懷，「鐵肩擔主義」我沒機會，但「血手寫文章」的「血性」俱在我各類著作詩文中。

回首前塵，我的人生大致分成兩個「生死」階段，第一個階段是「理想走向毀滅」，年齡從十五歲進軍校到四十三歲，離開野戰部隊前往台灣大學任職中校教官。第二個階段是「毀滅到救贖」，四十三歲以後的寫作人生。

「理想到毀滅」，我的人生全面瓦解、變質，險些遭到軍法審判，就算軍法不判我，我也幾乎要「自我毀滅」；而「毀滅到救贖」是到台大才得到的「新生命」，我積極寫作是從台大開始的，我常說「台大是我啟蒙的道場」有原因的。

均可見《五十不惑》、《迷航記》等書。

我從年輕立志要當一個「偉大的軍人」，為國家復興、統一做出貢獻，為中華民族的繁榮綿延盡個人最大之力，卻才起步就「死」在起跑點上，這是個人的悲劇和不智，正好也給讀者一個警示。人生絕不能在起跑點就走入「死巷」，切記！切記！讀者以我為鑒！在軍人以外的文學、軍經史政有近二百本書的出版，也算是對國家民族社會有點貢獻，對自己的人生有了交待，這至少也算「起死回生」了！

出版了這麼多的書，到二〇二二年時約一百六十多本，期許自己有生之年寫到二百本，希望老天爺慈悲給我時間。這些書大約兩岸數百圖書館有典藏，可詳見《這一世只做好一件事》一書，有約四百個圖書館記錄。

順要一說的，我全部的著作都放棄個人著作權，成為兩岸中國人的共同文化財，任人使用。而台北的文史哲出版社有優先使用權和發行權。

我書能順利出版，最大的功臣是我老友，文史哲出版社老闆彭正雄先生和彭雅雲小姐。彭先生對中華文化的傳播，對兩岸文化交流都有崇高的使命感，向他和夥伴致上最高謝意。

台北公館蟾蜍山萬盛草堂主人　陳福成　誌於

佛曆二五六五年　西元二〇二二年二月

陳福成70自編年表：所見所做所寫事件簿

目　次

第一篇　出生到陸軍官校44期畢業

光陰是從我們開始的
有了我們
宇宙才誕生
才有之後的
一切

去革命

懵懵懂懂，毛都沒長齊
說要去革命
要統一中國
我們胸懷大志，心包宇宙

從此入了黑幫
進了天牢
要經常站成不動姿勢
讓大人物來免費參觀

民國四十一年（一九五二）一歲

△元月十六日，生於台中縣大肚鄉。（六月才報戶口）

民國四十八年（一九五九）八歲

△九月，進台中縣大肚國民小學一年級。

民國四十九年（一九六〇）九歲

△夏，轉台中市太平國民小學一年級。

民國五十年（一九六一）十歲

△春，轉台中縣大雅國民小學六張犁分校二年級。

年底搬家到沙鹿鎮，住美仁里四平街。

民國五十一年（一九六二）十一歲

△轉台中縣新社鄉大南國民小學三年級（月不詳）。

民國五十四年（一九六五）十四歲

△六月，大南國民小學畢業。

△九月，讀東勢工業職業學校初中部土木科一年級。

△是年，開始在校刊《東工青年》發表作品，有新詩、小說、散文。

民國五十七年（一九六八）十七歲

△六月，東工第一名畢業，獲縣長王子癸獎。

△八月三十一日，進陸軍官校預備班十三期。

持續在校刊發表作品，散文、雜記等小品較多。

民國五十九年（一九七〇）十九歲

△春，大妹出車禍，痛苦萬分，好友王力群、鍾聖錫、劉建民、虞義輝等鼓勵下接受基督洗禮。後來發現很多基督教黑歷史，中年時皈依在星雲大師座下。

民六〇年（一九七一）二十歲

△六月，預備班十三期畢業。

△七月，同好友劉建民走橫貫公路（另一好友虞義輝因臨時父親生病取消）。

△八月，升陸軍官校正期班四十四期。

△年底，萌生「不想幹」企圖，四個死黨（虞義輝、劉建民、張國英和我）經多次會商，一直到二年級，未果，繼續讀下去。只有張國英（後改張哲豪），毅然轉讀專修班。

民六十四年（一九七五）二十四歲

△四月五日，蔣公逝世，全連同學宣誓留營以示效忠，僅我和同學史同鵬堅持不留營。（多年後國防部稱聲那些留營都不算）

△五月十一日(母親節)，我和劉、虞三人，在屏東新新旅社訂「長青盟約」。

△六月，陸軍官校四十四期畢業。

△七月，到政治作戰學校參加「反共復國教育」。

△九月十九日，乘「二二九」登陸艇到金門報到，任金防部砲指部斗門砲兵連中尉連附。

第二篇　野戰部隊十九年

在小金門當營長

當領導就要頂天立地
你昂首挺胸
屹立在群山
讓四週插天青松也低頭

就把烈嶼當神州
五嶽天山全都裝入我懷中
眼神要亮得
比日月星光還明

在高登當連長

當連長真好玩
每天帶一群兄弟守孤島
我們槍不離身
小心水鬼摸走你腦袋

盡忠職守等了兩年
水鬼始終都沒來
失望的離開　心中納悶
這是不是一場騙局？

民國六十五年（一九七六）二十五歲

△醉生夢死在金門度過，或寫作打發時間，計畫著如何可以「下去」（當老百姓去），考慮「戰地」軍法的可怕，決定等回台灣再看情況！

民國六十六年（一九七七）二十六歲

△春，輪調回台灣，在六軍團砲兵六〇〇群當副連長。駐地桃園更寮腳。

△五月，決心不想幹了，利用部隊演習一走了之，當時不知道是否逃亡？發生「逃官事件」，險遭軍法審判。

△九月一日，晉升上尉，調任一九三師七七二營營部連連長，不久再調任砲連連長，駐地中壢雙連坡。

△十一月十九日，「中壢事件」，情勢緊張，全連官兵在雙連坡戰備待命。

民國六十七年（一九七八）二十七歲

△七月，全師換防到馬祖，我帶一個砲兵連弟兄駐在最前線高登（一個沒水沒電的小島），島指揮官是趙繩武中校。

△高登除了沒水沒電，也是沒有老百姓的小島，這也表示島上沒有女人。為解決官兵的「基本需要」，有「八三一」每隔兩到三個月，會上島「補給」，指揮官規定白天士官兵補給時間，晚上是軍官時間。但我苦守高登整整兩年，一次都沒去，幸好島上還有同學陳報國（步兵連長），偶

爾聊天喝酒解寂寞。

△十二月十五日，美國宣佈和中共建交，全島全面備戰，已有迎戰及與島共存亡的心理準備，並與官兵以「島在人在，島失人亡」共盟誓勉。

民國六十八年（一九七九）二十八歲

△十一月，仍任高登砲兵連連長。下旬返台休假並與潘玉鳳小姐訂婚。

民國六十九年（一九八〇）二十九歲

△七月，換防回台，駐地仍在中壢雙連坡。

△十一月，卸連長與潘玉鳳結婚。

民國七〇年（一九八一）三十歲

△三月，晉升少校（一九三師）

△七月，砲校正規班結訓。

△八月，轉監察，任一九三師五七七旅監察官（旅部在仰德大道旁）。（時一九三師衛戍台北，師長李建中將軍）。

民國七十一年（一九八二）三十一歲

△三月，仍任一九三師五七七旅監察官。駐地移防到新竹北埔。

△現代詩「高登之歌」獲陸軍文藝金獅獎。當時在第一士校的蘇進強上尉，

以「青青子衿」拿小說金獅獎。

△長子牧宏出生。

△年底，全師（193）換防到馬祖北竿。

民國七十二年（一九八三）三十二歲

△六月，調任一九三師政三科監察官（馬祖北竿，師長丁之發將軍）

△十二月，調陸軍六軍團九一兵工群監察官。

民國七十三年（一九八四）三十三歲

△十一月，仍任監察官。

△父喪。

民國七十四年（一九八五）三十四歲

△四月，長女佳青出生。

△六月，〈花蓮十日記〉（台灣日報連載）。

△八月，調金防部政三組監察官佔中校缺，專管工程、採購。（司令官宋心濂上將）

△九月，「部隊管教與管理」獲國防部第十二屆軍事著作金像獎。

△今年，翻譯愛倫坡（Edgar Allan）恐怖推理小說九篇，並在偵探雜誌連載，多年後才正式出版。

民國七十五年（一九八六）三十五歲

△元旦，在金防部監察官晉任升中校，時金防部司令官換趙萬富上將。

△六月，考入政治作戰學校政治研究所第十九期三研組。（所主任孫正豐教授、校長曹思齊中將）和我同時考上研究所，還有虞義輝同學，他上了外研所。

△八月一日，到政治作戰學校研究所報到。

民國七十六年（一九八七）三十六歲

△元月，獲忠勤勳章乙座。

△春，「蔣公憲政思想研究」獲國民黨文工會學術論文獎。

△九月，參加「中國人權協會」講習，杭立武當時任理事長。

△今年，翻譯愛倫坡小說五篇，並在偵探雜誌連載，多年後才正式出版。

民國七十七年（一九八八）三十七歲

△六月，政研所畢業，碩士論文「中國近代政治結社之研究」。到八軍團四三砲指部當情報官。讀完研究所，取得碩士學位，我感受到很不一樣的改變，對我後來寫作幫助很大。不久我對劉建民說：「研究所讓我脫胎換骨」，他也努力考上外研所，創出一大片不凡的天空。

△八月，接任第八軍團四三砲指部六〇八營營長，營部在高雄大樹，準備

到田中進基地。（司令是王文爕中將、指揮官是涂安都將軍）

民國七十八年（一九八九）三十八歲

△四月，輪調小金門接砲兵六三八營營長。（大砲營是全金門火力最強大的營，有一個兩四洞砲連、一個一五五加砲連、一個八吋砲連。）（砲指部指揮官戴郁青將軍）

△六月四日，「天安門事件」前線情勢緊張，前後全面戰備很長一段時間。

民國七十九年（一九九〇）三十九歲

△七月一日，卸六三八營營長，接金防部砲指部第三科作戰訓練官。

△八月一日，伊拉克入侵科威特，海峽情勢又緊情，金門全面戰備，我天天守在戰情室。

△年底：經好同學虞義輝幫忙，已確定要調國安局，最後一步宋心濂發現我的「黑資料」，全案停擺，只好每天又窩在擎天廳坑道內。每天在地底下過著暗無天日的生活，心情很不好。

民國八〇年（一九九一）四〇歲

△元月、二月，波灣戰爭，美帝侵略伊拉克，金門仍全面戰備。

△三月底，輪調回台南砲兵學校任戰術組教官。（指揮官周正之中將）（以後的軍職都在台灣本島，我軍旅生涯共五次外島，金門三，馬祖二。）

民國八十一年（一九九二）四十一歲

△三月，參加陸軍協同四十五號演習。

△六月，考入三軍大學陸軍指參學院。（校長葉昌桐上將、院長王繩果中將）

△七月四日，到大直三軍大學報到。

民國八十二年（一九九三）四十二歲

△六月十九日，三軍大學畢業，接任花東防衛司令部砲指部中校副指揮官，時中校十一級。（指揮官是同學路復國上校，司令官是畢丹中將）

△九月，我們相處得很好，後來我離職時，同學指揮官送我一個匾，上書「運籌帷幄，決勝千里」。可惜實際上沒有機會發揮，只能在紙上談兵，在筆下論戰，幾年後路同學升少將不久也退伍了。調原單位司令部第三處副處長。

△這年經好同學高立興的努力，本有機會調聯訓部佔一個上校缺，卻因被一個姓「朝鮮半島」的同學「穿小鞋」，功敗未成，只好持續在花防部第三處過著如同無間地獄的苦日子。三處處長缺，我是副處長，每天忙得如龜兒子，而處長的上校缺不讓我佔，因為我不是司令畢丹的人馬。每天死幹活幹又沒希望，人很鬱卒，幸好參謀長雷光旦對我還算可以（可能他弟弟雷光祿是我期同學的面子）。

第三篇　台灣大學五年

教官餐會

朝代有興衰
台大教官室已然空門
黨所交待的煩惱絲已落髮
空城計後只剩老榮民

風風雨雨的騷擾
四季不停
人都散發黴味
在酒肉中找到救贖

三兄弟

我們一起到神州找共同的根
三黃五帝都來指路
根就在我們腳踩的土地裡
開枝散葉成一片秋海棠

兄弟三人編織大夢
我們的春秋大業
將由中國全民民主統一會實踐完成
居時徒步繞台一圈以示慶祝

民國八十三年（一九九四）四十三歲

△二月，考取軍訓教官，在復興崗受訓。（教官班四十八期）

△四月，到台灣大學報到，任中校教官。當時一起來報到的教官尚有唐瑞和、王潤身、劉亦哲、吳曉慧共五人。總教官是韓懷豫將軍。

△四月，次女佳莉出生。

△七月，母喪。

△十一月，在台大軍官團提報「一九九五閏八月的台海情勢」廣受好評。總教官韓懷豫將軍當著全體教官說：「這是我聽過最好的報告。」

民國八十四年（一九九五）四十四歲

△六月，「閏八月危機」效應全台「發燒」。

△七月，《決戰閏八月——中共武力犯台研究》一書出版（台北：金台灣出版社）。本書出版後不久，北京《軍事文摘》（總第59期），以我軍裝照為封面人物，大標題以「台灣軍魂陳福成之謎」，在內文介紹我的背景。

△七月，開始編寫各級學校軍訓課程「國家安全」教材。

△十二月，《防衛大台灣——台海安全與三軍戰略大佈局》一書出版：（台北：金台灣出版社）

民國八十五年（一九九六）四十五歲

△元月，為撰寫軍訓課本「國家安全」，本月十一日偕台大教官陳梅燕拜訪戰略家鈕先鍾先生，主題就是「國家安全」。（訪問內容後來發表在「陸軍學術月刊第375、439期」

△三月，擔任政治大學民族系所講座。（應民族系系主任林修澈教授聘請）。

△《孫子實戰經驗研究》一書，獲中華文化總會學術著作總統獎，獎金五萬元。

△《國家安全》幼獅版，納入全國各級高中、職、專科、大學軍訓教學。

△四月，考上國泰人壽保險人員證。

△九月，佔台灣大學上校主任教官缺。

△榮獲全國軍訓教官論文優等首獎，《決戰閏八月》。

民國八十六年（一九九七）四十六歲

△元旦，晉升上校，任台大夜間部主任教官。校長陳維昭說：「本校能夠一年出版兩本書，對社會產生巨大影響，只有陳主任。」

△七月，開始在復興廣播電台「雙向道」節目每週一講「國內外政情與國家安全」（鍾寧主持）。

△八月，《國家安全概論》（台灣大學自印自用，不對外發行。）

△十二月，《非常傳銷學》出版。

民國八十七年（一九九八）四十七歲

△是年，仍在復興電台「雙向道節目」。

△五月，在台大學生活動中心演講「部落主義及國家整合、國家安全之關係」。

△十月十七日，籌備召開「第一屆中華民國國防教育學術研討會」（凱悅飯店，本會在淡江大學戰略所所長翁明賢教授指導下順利完成，工作夥伴除我之外，尚有輔仁大學楊正平、文化大學李景素、淡江大學廖德智、中央大學劉家楨、東吳大學陳全、中興法商鄭鴻儒、華梵大學谷祖盛（以上教官）、淡江大學施正權教授。）我在本會提報論文「論國家競爭優勢與國家安全」（評論人：台灣大學政治系助理教授楊永明博士），本論文為銓敘部公務人員學術論文獎，後收錄在拙著《國家安全與情治機關的弔詭》一書。

△七月，出版《國家安全與情治機關的弔詭》（台北：幼獅出版公司）。

民國八十八年（一九九九）四十八歲

△二月，從台灣大學夜間部（兼文學院）主任教官退休（伍），結束三十一年軍人生涯。

回想當初在花防部第三處眼前一片黑，只好轉台灣大學軍訓教官做退伍準備。沒想到《決戰閏八月》和《防衛大台灣》二書的出版，一炮而紅，四位提序的長官：教育部軍訓處長宋文將軍、台大校長陳維昭博士、台大前後兩位總教官韓懷豫將軍和李長嘯將軍，都對我讚譽有加，我也就「鹹魚翻身」了！

台大是最早把軍訓改選修，甚至要把教官趕出校園，台大是軍訓教官的終結者。從歷史上看，台大也是「造反聖地」（可詳見《台大教官興衰錄》一書，卻是我「頓悟的道場」，我的因緣在台大，退休後又幹了兩任四年的台大退休人員聯誼會理事長，至今仍在台大當志工。

第四篇 退休後第一個十年

生命中的貴人
一個方向感好
帶大家找到佛陀
一個最懂因緣法
我們就一起在台大當
志工
志工以無求為貴
故吾等皆為貴人

三個佛碰到一個上帝
沒有爆發宗教戰爭
量子糾纏到是有
我們共同完成一個
簽約儀式
今後地球上沒有宗教
戰爭

民國八十八年（一九九九）四十八歲

△二月，「化敵為我，以謀止戰」（小說三十六計釜底抽薪導讀，與實學社總編輯黃驗先生對談。）；考上南山人壽保險人員證。

△二月才剛從台大退休，還在構想今後的時間分配，就有一些「生意」找上門。實學社出版公司找我寫三十六計、保險界朋友叫我考證照、虞義輝在國安會問我要不要去當助理？有同學找我投資賺錢

△四月，擔任國家安全會議助理研究員。（時間約一年多，每月針對兩岸關係的理論和實務等，提出一篇研究報告（論文）。

民國八十九年（二〇〇〇）四十九歲

△三月，《國家安全與戰略關係》出版（台北：時英出版社）。

△四、五、六月，任元培科學技術學院進修推廣部代主任。

△六月一日，在高雄市中山高中講「兩岸關係及未來發展——兼評新政府的國家安全構想」（高雄市軍訓室軍官團）

△十一月，與台灣大學登山會到石鹿大山賞楓。

△十二月，與台灣大學登山會到司馬庫斯神木群。

△從去年到今年，擔任國安會助理研究員，大約每隔一至兩個月，我以「國家安全」為核心主題，提出一篇約一萬字論文報告。這些論文後來我

再加以補充修訂，於二〇〇七年由台北時英出版社，以書名《國家安全論壇》出版。

民國九〇年（二〇〇一）五十歲

△五月四到六日，偕妻及一群朋友登玉山主峰。
△六月十六、十七日，參加陸軍官校建校七十七週年校慶並到墾丁參加44期同學會。
△十月六日，與台大登山隊到睏牛山。
△十二月，《解開兩岸十大弔詭》出版（台北：黎明出版社）。
△十二月八到九日，登鎮西堡、李棟山。
△十二月二二到二三日，與台大登山隊走霞克羅古道。

民國九十一年（二〇〇二）五十一歲

△去年至今，我聽到三位軍校同學過世，甚有感慨，我期至今才約五十歲。想到學生時代很要好的同學，畢業已數十年，怎都「老死不相往來」，我決定試試，召集住台大附近（半小時車程），竟有七人（含我）來會，解定國、高立興、陳鏡培、童榮南、袁國台、林鐵基。這個聚會一直持續下去，後來我定名「台大周邊地區陸官44期微型同學會」。
△這個44期的微型會，到二〇一四年時改「福心會」。到二〇二二年時滿二

十年，我出版了《陸軍官校44期福心會》一書，記錄一些點點滴滴，這是這個小圈圈留下的人生腳印。

△二月，《找尋一座山》現代詩集出版，台北，慧明出版社。

△二月十二到十四日，到小烏來過春節，並參訪赫威神木群。

△二月二三到二四日，與台大登山會到花蓮兆豐農場，沿途參拜大理仙公廟。

△四月七日，與山虎隊登夫婦山。

△四月十五日，在范揚松先生的公司第一次見到吳明興先生（當代兩岸重要詩人、作家），二十多年前我們曾一起在《腳印》詩刊發表詩作，未曾謀面。

△四月二十一日，與台大隊登大桐山。

△四月三十日，在台大鹿鳴堂辦第二次44同學會：我、解定國、袁國台、高立興、周念台、林鐵基、童榮南。

△五月三到五日，與台大隊登三叉山、向陽山、嘉明湖。（回來後在台大山訊發表紀行一篇）

△六月二一到二三日，與苗栗三叉河登山隊上玉山主峰（我的第二次）。

△七月第一週，在政治大學參加「社會科學研究方法」研習營。（主任委員

林碧炤）。

△七月十八到二一日，與台大登山會登雪山主峰、東峰、翠池。在「台大山訊」發表〈雪山盟〉長詩。

△八月二十日，與台大登山會會長張靜二教授及一行十餘人，勘察大溪打鐵寮古道、草嶺山，並到故總統經國先生靈前致敬。

△八月二九到九月一日，與山友十餘人登干卓萬山、牧山、卓社大山。（因氣候惡劣只到第一水源處紮營，三十一日晨撤退下山。）

△九月，《大陸政策與兩岸關係》出版（黎明出版社，九十一年九月）。

△九月二十四日，在台大鹿鳴堂辦第三次44同學會：我、高立興、童榮南、林鐵基、周念台、解定國、周立勇、周禮鶴。

△十月十八到二十日，隨台大登山隊登大霸尖山（大、小霸、伊澤山、加利山），在「台大山訊」發表〈聖山傳奇錄〉長詩。

△十一月十六日，與台大登山隊登波露山（新店）。

民國九十二年（二〇〇三）五十二歲

△元月八日，第四次44同學會（在台大鹿鳴堂），到有：我、周禮鶴、高立興、解定國、袁國台、林鐵基、周立勇。

△元月八日，在台灣大學第一會議室演講「兩岸關係發展與變局」，並發表

四本年度新書。（台大教授聯誼會主辦），除《解開兩岸十大弔詭》和《大陸政策與兩岸關係》兩書外尚有：《找尋一座山》（現代詩集，慧明出版）、《愛倫坡恐怖小說選》。

△二月二十八日，應佛光人文社會學院董事會秘書林利國（也是我44期同學）邀請，在宜蘭靈山寺向輔導義工演講「生命教育與四Q」。

△三月十五、十六日，與妻參加台大登山隊「榛山行」（在雪霸）。

△三月十八日，與曾復生博士在復興電台對談兩岸關係發展。

△三月十九日，到非政府組織（NGO）會館，參加「全球戰略新框架下的兩岸關係研討會」，由「歐洲文教基金會與黨外圓桌論壇」主辦。席間首次與前民進黨主席許信良先生閒談。晚間餐會與前立法委員朱高正先生和台大哲學系教授王曉波夫婦同桌，我和他們都是素昧平生。但兩杯酒一喝，大家就開始高談近代史事，朱委員酒量很好，可能有「千杯不醉」的境界。名片上印有「周易」文言：「夫大人者。與天地合其德。與日月合其明。與四時合其序。與鬼神合其吉凶。先天而天弗違。後天而奉天時。天且弗違。而況予人乎。況于鬼神乎。」，其境界更高。

△三月二十日，叢林一隻不長眼的「肥羊」闖進頂層掠食者的地盤，性命恐將不保；美伊大戰開打，海珊可能支持不了幾天。

△三月二十六日到三十日，隨長庚醫護人員及內弟潘台龍到大陸，遊西湖、黃山。果然「上有天堂下有蘇杭」、「黃山歸來不看山」，我第一次出國竟是回國。歸程時 SARS 開始流行，全球恐慌。

△四月三日到六日，同台大登山隊登雪白山，氣候不佳，前三天下雨。第一天宿司馬庫斯，第二天晨七時起程，沿途林相原始，許多千年神木，下午六時雪白山攻頂，晚上在山下紮營，第三天八點出發，神木如林，很多一葉蘭，下午過鴛鴦湖，五點到棲蘭。第四天參觀棲蘭神木，見「孔子」等歷代偉人，歸程。

△四月十二、十三日，偕妻與台大登山隊再到司馬庫斯，謁見「大老爺」神木群等。

△四月二十一日，第五次44同學會（在台大鹿鳴堂），到者：我、袁國台、解定國、林鐵基、周立勇。

△六月十四日，同台大登山隊縱走卡保逐鹿山，全程二十公里，山高、險惡、瀑布，螞蝗多。

△六月二十八日，參加中國文藝協會舉行「彭邦楨詩選」新書發表會。彭老已在今年三月病逝紐約，會中碰到幾位前輩作家，鍾鼎文、司馬中原、辛鬱、文曉村等人，還有年輕一輩的羅明河等。

△七月，《孫子實戰經驗研究》出版（黎明出版公司），本書是八十五年學術研究得獎作品，獲總統頒獎；今年又獲選為「國軍連隊書箱用書」，陸、海、空三軍各級，一次印量七千本。

△七月二十二日到八月二日，偕妻同一群朋友遊東歐三國（匈牙利、奧地利、捷克）。這是我此生至今唯一出國，此後再無

△十月十日到十三日，登南湖大山、審馬陣山、南湖北峰和東峰。

△十一月，在復興電台鍾寧小姐主持的「兩岸下午茶」節目，主講「兵法・戰爭與人生」（孫子、孫臏、孔明三家）。

△十二月一日，第六次44同學會（台大鹿鳴堂），到有：我、林鐵基、童榮南、解定國、周念台、盧志德、高立興、劉昌明。

民國九十三年（二〇〇四）五十三歲

△二月二十五日，第七次44同學會（台大鹿鳴堂），到有：周立勇、高立興、童榮南、鍾聖賜、林鐵基、解定國、周念台、盧志德、劉昌明和我共10人。

△春季，參加許多政治活動，號召推翻台獨不法政權，三月陳水扁自導自演「三一九槍擊作弊案」。

△三月，《大陸政策與兩岸關係》出版，黎明出版社。

△五月二十八日，大哥張冬隆發生車禍，二週後的六月四日過世。

△五月，《五十不惑》（前傳）出版，時英出版社。

△六月，第八次44同學會（台大鹿鳴堂），到有：我、周立勇、童榮南、林鐵基、解定國、袁國台、鍾聖賜、高立興。

△八月十一到十四日，參加佛光山第十二期全國教師生命教育研習營。

△十月十九日，第九次 44 同學會（台大鹿鳴堂），到有：我、童榮南、周立勇、高應興、解定國、盧志德、周小強、鍾聖賜、林鐵基。

△今年在空大講「政府與企業」，並受邀參與復興電台「兩岸下午茶」節目。

△今年完成龍騰出版公司《國防通識》（高中課本）計畫案合作伙伴有李文師（政大教官退）、李景素（文化教官退）、項台民（彰化高中退）、陳國慶（台大教官）。計有高中二年四冊及教師用書四冊，共八冊課本。

△十二月，《軍事研究概論》出版（全華科技），合著者九人：洪松輝、許競任、秦昱華、陳福成、陳慶霖、廖天威、廖德智、劉鐵軍、羅慶生，都是對國防軍事素有專精研究之學者。

民國九十四年（二〇〇五）五十四歲

△二月十七日，第十次44同學會（台大鹿鳴堂），到有：我、陳鏡培、鍾聖賜、金克強、解定國、林鐵基、高立興、袁國台、周小強、周念台、

盧志德、劉昌明，共12人。

△六月十六日，第十一次44同學會（台大鹿鳴堂），到有：我、盧志德、周立勇、解定國、陳鏡培、童榮南、金克強、鍾聖賜、劉昌明、林鐵基、袁國台。

△八月，計畫中的《中國春秋》雜誌開始邀稿，除自己稿件外，有楊小川、路復國、廖德智、王國治、一飛、方飛白、郝艷蓮等多人。

△十月，創刊號《中國春秋》雜誌發行，第四期後改《華夏春秋》，實務行政全由鄭聯臺、鄭聯貞、陳淑雲、陳金蘭負責，妹妹鳳嬌當領導，我負責邀稿，每期印一千五百本，大陸寄出五百本。

△持續在台灣大學聯合辦公室當志工。

△今年仍在龍騰出版公司主編《國防通識》；上復興電台「兩岸關係」節目。

民國九十五年（二〇〇六）五十五歲

△元月《中國春秋》雜誌第二期發行，作者群有周興春、廖德智、李景素、王國治、路復國、一飛、范揚松、蔣湘蘭、楊小川等。

△二月十七日，第十二次44同學會（台大鹿鳴堂），到有：劉昌明、高立興、陳鏡培、盧志德、林鐵基、金克強和我共7人。

△四月，《中國春秋》雜誌第四期發行。

△六月，第十三次44同學會（台大鹿鳴堂），到有：我、周小強、解定國、高立興、袁國台、林鐵基、劉昌明、盧志德。

△七月到九月，由時英出版社出版中國學四部曲，四本約百萬字：《中國歷代戰爭新詮》、《中國近代黨派發展研究新詮》、《中國政治思想新詮》、《中國四大兵法家新詮》。

△七月十二到十六日，參加佛光山第十六期全國教師生命教育研習營。

△七月，原《中國春秋》改名《華夏春秋》，照常發行。

△九月，《春秋記實》現代詩集出版，時英出版社。

△十月，第五期《華夏春秋》發行。

△十月二十六日，第十四次44同學會（台大鹿鳴堂），到有：我、金克強、周立勇、解立國、林鐵基、袁國台、高立興。

△十一月，當選中華民國新詩學會第二屆理事，任期到九十九年十一月十一日。

△《華夏春秋》第六期發行後，無限期停刊。

△高中用《國防通識》（學生課本四冊、教師用書四冊）逐一完成，可惜龍騰出版公司後來的行銷欠佳。（因軍訓課改選修）

△今年共有五本書出版（不含國防通識教材）。

民國九十六年（二〇〇七）五十六歲

△元月三十一日，第十五次44同學會（中和天香回味鍋），到有：我、解定國、盧志德、高立興、林鐵基、周小強、金克強、劉昌明。

△二月，《國家安全論壇》出版，時英出版社。

△二月一日，到國防部資電作戰指揮部演講，主題「兩岸關係與未來發展：兼論台灣最後安全戰略的探索」。

△二月，《性情世界：陳福成情詩集》出版，時英出版社。

△三月十日，在「秋水詩屋」，與涂靜怡、莫云、琹川、風信子四位當代大詩人研究，幫我取筆名「古晟」。以後我常用這個筆名，有一本詩集就叫《古晟的誕生》。

△五月，當選中國文藝協會第三十屆理事，任期到一百年五月四日。

△五月十三日，母親節，與妻晚上聽鳳飛飛的演唱會，可惜二〇一二年初病逝，我為她寫一首詩〈相約二十二世紀，鳳組〉。

△六月六日，第十六次44同學會（台大鹿鳴堂），到有：我、解定國、高立興、盧志德、周小強、金克強、林鐵基。

△六月十九日，榮獲中華民國新詩學會「詩運獎」，在文協九樓頒獎，由文壇大老鍾鼎文先生頒獎給我。

△十月，小說《迷情・奇謀・輪迴：被詛咒的島嶼》（第一集）出版，文史哲出版社。

△十月十六日，第十七次 44 同學會（台大鹿鳴堂），到有：我、周立勇、解定國、張安麟、林鐵基、盧志德。

△十月三十一日到十一月四日，參加由文協理事長綠蒂領軍，應北京中國文聯邀訪，一行人有綠蒂、林靜助、廖俊穆、蘇憲法、李健儀、簡源忠、郭明福、廖繼英、許敏雄和我共 10 人。

△十一月七日，同范揚松、吳明興三人到慈濟醫院看老詩人文曉村先生。

△十二月中旬，大陸「中國文藝藝術聯合會」一行到文協訪問，綠蒂全程陪同，十六日由我陪同參觀故宮，按其名冊有白淑湘、李仕良等 14 人。

△十二月十九日，到台中拜訪詩人秦嶽，午餐時他聊到「海鷗」飛不起來了。

△十二月二十二日上午，在國父紀念館參加由星雲大師主持的皈依大典，成為大師座下臨濟宗第四十九代弟子，法名本肇。一起皈依的有吳元俊、吳信義、關麗蘇四兄姊弟，這是一個好因緣。

△十二月二十七日，《青溪論壇》成立，林靜助任理事長，我副之，雪飛任社長。

△十二月，有三本書由文史哲出版社出版：《頓悟學習》、《公主與王子的夢幻》、《春秋正義》。含別的出版社，今年共有五本書出版。

民國九十七年（二〇〇八）五十七歲

△元月五日（星期六），第一次在醉紅小酌參加「三月詩會」，到民國一〇三年底退出。

△元月二十四到二十八日，與妻參加再興學校舉辦的海南省旅遊。

△二月十三日，到新店拜訪天帝教，做《天帝教研究》的準備。

△二月十九日，第十八次44同學會（新店富順樓），到有：我、高立興、解定國、林鐵基、盧志德、金克強、周小強。

△三月二日，參加「全國文化教育界新春聯歡會」，馬英九先生來祝賀，前台大校長孫震、陳維昭等數百人，文壇司馬中原、綠蒂、鍾鼎文均到場，盛況空前。這是大選的前奏曲。

△三月十二日，參加中國文藝協會理監事聯席會議。

△三月，《新領導與管理實務》出版，時英出版社。

△五月十三日下午二時，四川汶川大地震，電話問成都的雁翼，他說還好。

△六月十日，第十九次44同學會（在山東餃子館），到有：我、童榮南、高立興、解定國、袁國台、盧志德、金克強、張安祺。

△六月二十二日，參加青溪論壇社舉辦的「推展華人文化交流及落實做法」，我提報論文〈閩台民間信仰文化所體現的中國政治思想初探〉，其他重要提文報告人有林靜助、封德屏、陳信元、潘皓、台客、林芙容、王幻、周志剛、一信、徐天榮、漁夫、落蒂、雪飛、彭正雄。

△七月十八日，與林靜助等一行，到台南參加作家交流，拜訪本土詩人林宗源。

△七月二十三日到二十九日，參加佛光山短期出家。一起參加的有俊歌（吳元俊）給我很多新啟示，後來寫了一本書《從皈依到短期出家》。

△八月十五日到二十一日，參加青溪新文藝學會理事長林靜助主辦「江西三清山龍虎山之旅」，並到九江參加文學交流會。同行者有我、林靜助、林精一、蔡雪娥、彭正雄、金筑、台客、林宗源、邱琳生、鍾順文、賴世南、羅玉葉、羅清標、吳元俊、蔡麗華、林智誠，共16人。

△十月十五日，第二十次44同學會（台大鹿鳴堂），到有：我、陳鏡培、解定國、盧志德、同小強、童榮南、袁國台、林鐵基、黃富陽。

△十一月三十日，參加「湯山聯誼會」，遇老師長陳廷寵將軍。

△今年有兩本書由文史哲出版社出版：《幻夢花開一江山》（傳統詩）、《一個軍校生的台大閒情》。時英出版一本，共出版三本。

△整理這輩子所寫的作品手稿約一人高，贈台大圖書館典藏。

民國九十八年（二〇〇九）五十八歲

△二月十日，第二一次44同學會（台大鹿鳴堂），到有：我、袁國台、解定國、高立興、童榮南、盧志德、黃富陽。

△六月，小說《迷情・奇謀・輪迴：進出三界大滅絕》（第二集）出版，文史哲出版社。

△六月上旬，第二二次44同學會（台大鹿鳴堂），到有：我、林鐵基、童榮南、袁國台、高立興、解定國、金克強、盧志德。

△六月十七、十八日，參加台大「退聯會」阿里山兩日遊。

△十月，小說《迷情・奇謀・輪迴：我的中陰身經歷記》（第三集）出版，文史哲出版社。

△十月六日，第二三次44同學會（公館越南餐），到有：盧志德、解定國、林鐵基、金克強、周小強和我。

△十一月六到十三日八天，參加重慶西南大學主辦「第三屆華文詩學名家國際論壇」，後四天到成都（第一次回故鄉）。此行我提報一篇論文「中國新詩的精神重建」（約兩萬多字），同行者另有雪飛、林芙蓉、李再儀、台客、鍾順文、林于弘、林精一、吳元俊、林靜助。

△十一月二十八日，到國軍英雄館參加「湯山聯誼會」，老將軍郝伯村批判李傑失了軍人氣節。

△十二月，《赤縣行腳・神州心旅》（詩集）出版，秀威出版公司。

△今年有三本書由文史哲出版社出版：《愛倫坡恐怖推理小說》、《春秋詩選》、《神劍與屠刀》。含秀威出版一本，共出版四本。

第五篇　退休後第二個十年

宣佈本會快樂辦法

當理事長要給會員謀福利
最有價值的福利是快樂
今後生日大紅包裡
裝著滿滿的詩意

會員聯絡一律尊稱千歲
重要節慶在夢中辦千歲宴
遠離現實糾纏
最能得到真快樂

這一次的畢業

這回的畢業沒有感傷
沒有離情的依依
沒有鳳凰花的煙火慶祝
同樂會的歡樂漫延著

漫延在人生旅途上
散發夢想的光熱
把這記憶留在腦海
激起靈魂中的馬蹄聲

二〇一〇年—二〇一一年

民國九十九年（二〇一〇）五十九歲

△元月二十三日，由藝文論壇社和紫丁香詩刊聯合舉辦，「陳福成小說《迷情・奇謀・輪迴》評論會」，在台北老田西餐廳舉行。提評論文有金劍、雪飛、許其正、狼跋、謝輝煌、胡其德、易水寒等七家，與會有文藝界數十人。會後好友詩人方飛白也提出一篇。

△三月一日，第二四次44同學會（台大鹿鳴堂），到有：我、周小強夫婦、解定國、袁國台、林鐵基、盧志德、曹茂林、金克強、黃富陽、童榮南共11人。

△三月三十一日，「藝文論壇」和「創世紀」詩人群聯誼，中午在國軍英雄館牡丹廳餐敘。創世紀有張默、辛牧、落蒂、丁文智、方明、管管、徐瑞、古月，八人與會；藝文論壇有林靜助、雪飛、林精一、彭正雄、鄭雅文、徐小翠和我共7人參加。

△四月二一到二二日，台大溪頭、集集兩日遊，「台大退聯會」主辦。

△六月，《八方風雨・性情世界》出版，秀威出版社。

△六月八日，第二五次44同學會（台大鹿鳴堂），到有：我、金克強、郭龍

春、解定國、高立興、童榮南、袁國台、林鐵基、盧志德、周小強、曹茂林，共11人。

△八月十七到二十日，參加佛光山「全國教師佛學夏令營」，同行有吳信義師兄等多人。

△十月五日，第二六次44同學會（今起升格在台大水源福利會館），到有：曹茂林、解定國、童榮南、林鐵基、盧志德、周小強和我共7人。

△十月二六日到十一月三日，約吳信義、吳元俊兩位師兄，到山西芮城拜訪尚未謀面的劉焦智先生，我們因看「鳳梅人」報結緣。

△十一月，《男人和女人的情話真話》（小品）出版，秀威出版社。

△今年有四本書由文史哲出版社出版：《洄游的鮭魚》、《古道・秋風・瘦筆》、《山西芮城劉焦智鳳梅人報研究》、《三月詩會研究》。含秀威兩本共六本。

民國一〇〇年（二〇一一）六十歲

△元月，小說《迷情・奇謀・輪迴》合訂本出版，文史哲出版社。

△元月二日，當選中華民國新詩學會第十三屆理事、任期到一〇四年一月一日。

△元月十日，第二七次44同學會（台大水源福利會館），到有：我、黃富陽、

高立興、林鐵基、周小強、解定國、童榮南、曹茂林、盧志德、郭龍春共10人。

△二月，《找尋理想國》出版，文史哲出版社。

△二月十九日，在天成飯店參加「中國全民民主統一會」會員代表大會，吳信義、吳元俊兩位師兄也到，會場由王化榛會長主持。會中遇到上官百成先生，會後我寫一篇文章「遇見上官百成：想起上官志標和楊惠敏」，刊載《新文壇》雜誌（26期，二〇一一年元月）。

△三月二二日，上午參加「台大退聯會」理監事聯席會議。

△三月二五日，晚上在台大校總區綜合體育館開「台大逸仙學會」，林奕華也來了，認識她很久了，每回碰到她都很高興。

△四月，《我所知道的孫大公》（黃埔28期）出版，文史哲出版社。

△四月，《在鳳梅人小橋上：中國山西芮城三人行》出版，文史哲出版社。

△五月五日，參加綠蒂在老爺酒店主持的「中國文藝協會三十一屆理監事會」，同時當選理事，任期到一〇四年五月五日。與會者如以下這份「原始文件」：

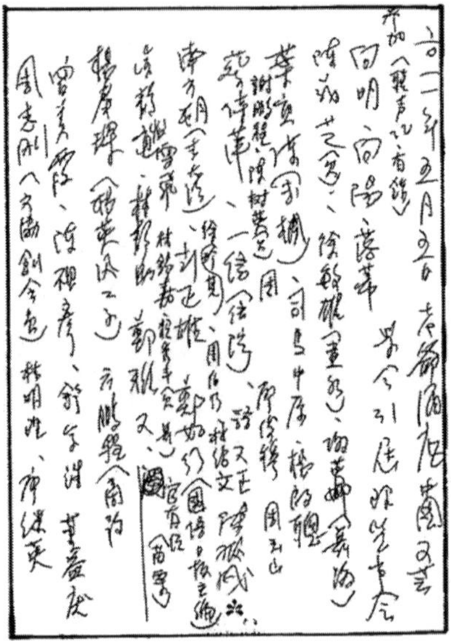

△五月，《漸凍勇士陳宏傳》出版，文史哲出版社。

△六月，《大浩劫後》出版，文史哲出版社。

△六月三日，第二八次44同學會（台大水源福利會館），到有：我、郭龍春、解定國、高立興、童榮南、林鐵基、盧志德、周小強、黃富陽、曹茂林、桑鴻文共11人。

△六月十一日，到師大參加「黃錦鋐教授九秩嵩壽華誕聯誼茶會」，黃伯伯

就住我家樓上，他已躺了十多年，師大仍為他祝壽，真很感人。

△七月，《台北公館地區開發史》出版，唐山出版社。

△七月七到八日，與妻參加台大退聯會的梅峰、清境兩日遊。

△七月，《第四波戰爭開山鼻祖賓拉登》出版，文史哲出版社。

△八月，《台大逸仙學會》出版，文史哲出版社。

△八月十七到二十日，參加佛光山「全國教師佛學夏令營，主題「增上心」。

△九月九日到二十日，台客、吳信義夫婦、吳元俊、江奎章和我共六人，組成「山西芮城六人行」，前兩天先參訪鄭州大學。

△十月十二日，第二九次44同學會（台大水源福利會館），到有：我、黃國彥、解定國、高立興、童榮南、袁國台、林鐵基、周小強、金克強、黃富陽、郭龍春、桑鴻文、盧志德、曹茂林，共14人。

△十月十四日，邀集十位佛光人中午在台大水源會館雅聚，這十人是范鴻英、刑筱容、陸金竹、吳元俊、吳信義、江奎章、郭雪美、陳雪霞、關麗蘇。

△十一月十日，台大社團晚會表演，在台大小巨蛋（新體育館），由我吉他彈奏，吳普炎、吳信義、吳元俊、周羅通和關麗蘇合唱三首歌，「淚的

小花」、「茉莉花」、「河邊春夢」。

△今年共有九本書出版。

民國一〇一年（二〇一二）六十一歲

△元月四日，第三十次44同學會（台大水源福利會館），到有：我、桑鴻文、高立興、林鐵基、解定國、童榮南、袁國台、盧志德、金克強、曹茂林、郭龍春、陳方烈。

△元月十四日，大選‧藍營以689萬票對綠營609萬票，贏得有些辛苦。基本上「九二共識」、「一中各表」已是台灣共識。

△《中國神譜》出版（文史哲出版社，二〇一二年元月）。

△二月，寫一張「保證書」給好朋友彭正雄先生，把我這輩子所有著作全送給他，由他以任何形式、文字，在任何地方出版發行。這是我對好朋友的回報方式。

△二月，開始規畫、整理出版《陳福成文存彙編》，預計全套八十本（總字數近千萬），由彭正雄所經營的文史哲出版社出版。

△二月十九日中午，葡萄園詩刊同仁在國軍英雄館餐聚，到會有林靜助、曾美玲、杜紫楓、李再儀、台客、賴益成、金筑和我八人。大家商討今年七月十五日是葡萄園的五十大壽，準備好好慶祝。

△三月二十二日，倪麟生事業有成宴請同學《公館自來水博物館內》，到有：我、倪麟生、解定國、高立興、盧志德、曹茂林、郭龍春、童榮南、桑鴻文、李台新，共十人。

△《金秋六人行：鄭州山西之旅》出版（文史哲出版社，二〇一二年三月）。

△《從皈依到短期出家》（唐山出版社，二〇一二年四月）。

△《中國當代平民詩人王學忠》出版（文史哲出版社，二〇一二年四月）。

△《三月詩會二十年紀念別集》（文史哲出版社，二〇一二年六月）。

△五月十五日，第三一次44同學會（台大水源福利會館），到有：我、陳方烈、桑鴻文、解定國、高立興、童榮南、林鐵基、盧志德、周小強、金克強、曹茂林、李台新、倪麟生，共十三人。

△九月有三本書出版：《政治學方法論概說》、《西洋政治思想史概述》、《最自在的是彩霞》，文史哲出版社。

△十月二十二日，第三二次44同學會（台大水源福利會館），到有：我、解定國、高立興、童榮南、林鐵基、盧志德、李台新、桑鴻文、郭龍春、倪麟生、曹茂林、周小強，共十二人。

△《台中開發史：兼龍井陳家移台略考》出版，文史哲出版，二〇一二年十一月。

△十二月到明年元月，大愛電視台記者紀儀羚、吳怡旻、導演王永慶和另三位攝影師，一行六人，來拍「陳福成講公館文史」專輯節目，在大愛台連播兩次。

△今年共有十本書出版。

台灣大學退休人員聯誼會理事長（二〇一三到二〇一六年）

民國一〇二年（二〇一三）六十二歲

△元月十一日，參加「台大秘書室志工講習」，並為志工講「台大‧公館文史古蹟」（上午一小時課堂講解，下午三小時現場導覽）。

△元月十五日，「台大退休人員聯誼會」理監事在校本部第二會議室開會，並選舉第九屆理事長，我意外當選理事長，二二日完成交接，任期兩年。

△元月十七日，第三三次44同學會（台大水源福利會館），到有：我、倪麟生、林鐵基、桑鴻文、解定國、高立興、盧志德、周小強、曹茂林、郭龍春、陳方烈、余嘉生、童榮南，共十三人。

△二月，《嚴謹與浪漫之間：詩俠范揚松》出版，文史哲出版社。

△三月，當選「中國全民民主統一會」執行委員，任期到一〇三年三月二

十八日。（會長王化榛）。

△三月，《讀詩稗記：蟾蜍山萬盛草齋文存》出版，文史哲出版社。

△五月，《與君賞玩天地寬：陳福成作品評論和迴響》、《古晟的誕生：陳福成60詩選》、《迷航記：黃埔情暨陸官44期一些閒話》三書出版，由文史哲出版社出版發行。

△五月十三日，第三四次44同學會（台大水源福利會館），到有：我、李台新、解定國、高立興、林鐵基、童榮南、盧志德、金克強、曹茂林、虞義輝、郭龍春、桑鴻文、陳方烈、倪麟生、余嘉生，共十五人。

△七月，《孫大公的思想主張書函手稿》、《日本問題終極處理》、《一信詩學研究》三書出版，均文史哲出版社。

△七月四日，鄭雅文、林錫嘉、彭正雄、曾美霞、落蒂和我共六個作家詩人，在「豆豆龍」餐廳開第一次籌備會，計畫辦詩刊雜誌，今天粗略交換意見，決定第二次籌備會提出草案。

△八月十三到十六日，參加佛光山「教師佛學夏令營」，同行尚有吳信義、關麗蘇。

△八月三十一日，為詩人朋友導覽公館古蹟，參加者有范揚松、藍清水夫婦、陳在和、吳明興、胡其德、吳家業、許文靜、鍾春蘭、封枚齡、

傅明其。

△九月七日，上午在文協舉行《一信詩學研究》新書發表會及討論，由綠蒂主持。

△九月十日，假校總區第二會議室，主持「台大退休人員聯誼會」第九屆第四次理監事聯席會議，會中由會員組組長陳志恆演講，題目「戲緣——京劇與我」。

△九月二十七日，參加「台大文康會各分會負責人座談會暨85週年校慶籌備會議」，地點在台大巨蛋，由文康會主委江簡富教授（電機系）主持，各分會負責人數十人到場。

△十月七日，第三五次44同學會（改在北京樓），到有：我、余嘉生、解定國、虞義輝、童榮南、盧志德、郭龍春、桑鴻文、李台新、陳方烈、袁國台，共十一人。

△十月十二日，在天成飯店（火車站旁），參加「中國全民民主統一會」第七屆第二次執監委聯席會。討論會務發展及明春北京參訪事宜。

△十月十九日，由台大三個社團組織（教授聯誼會會長游若篍教授、職工聯誼會秘書楊華洲、退聯會理事長我本人）聯合舉辦「未婚聯誼」，在台大巨蛋熱鬧一天，到場有第二代子女近四十人參加。

△十一月九日，重慶西南大學文學系教授向天淵博士來台交流講學，中國詩歌藝術學會理事長林靜助先生，在錦華飯店邀請「兩岸比較文學論壇」，我和向教授在兩年前有一面之緣。

△十一月十二日，假校總區第二會議室，主持「台大退聯會」第十屆第五次理監事聯席會議。陳定中將軍蒞臨演講，題目「原子彈與曼哈頓計劃的秘密」，另討論十二月三日會員大會事宜。

△十一月十三日，小路（路復國同學）來台北開會，中午我和老袁（袁國台）與他相見，老袁請吃牛肉麵，我在「新光」高層請喝咖啡賞景。

△十一月二十四日，台大退聯會、教聯會和職工會合辦「兩性聯誼」活動，第三場在文山農場，場面熱鬧。

△十一月二十八日，晚上，台大校慶文康晚會在台大巨蛋舉行，退聯會臨時組合唱團由我吉他伴奏參加，也大受歡迎。

△十二月三日上午，台大退聯會在第一會議室舉行年度大會，近兩百教職員工參加，主秘林達德教授代表校長致詞，歷屆理事長（宣家驊將軍、方祖達教授、楊建澤教授、丁一倪教授）均參加，我自今年元月擔任理事長以來，各方反應似乎還算滿意。

△十二月十日，約黃昏時，岳父潘翔皋先生逝世，高壽九十四歲，福壽雙

全，除老人退化病外，無任何重症，睡眠中無痛而去，真是福報。他們兒女決定簡約辦理，十七號舉行告別式。

△十二月十八日，中午，參加在「喜萊登」由鄭雅文小姐主持成立的「華文現代詩刊」，到會有主持鄭雅文、筆者及麥穗、莫渝、林錫嘉、范揚松帶秘書曾詩文、曾美霞、龔華、劉正偉、雪飛等。

△十二月二十二日，在「儷宴會館」（林森北路），參加44期北區同學會，改選理監事及會長，虞義輝當選會長，我當選監事。

△十二月三十日，這幾年，每年年終跨年，一群詩人、作家都在范揚松的大人物公司跨年，今年也是，這次有：范揚松、胡爾泰、方飛白、許文靜、傅明琪、劉坤靈、吳家業、梁錦鵬、吳明興、陳在和及筆者。

△今年共有十本書出版。

民國一〇三年（二〇一四）六十三歲

△元月五日，與妻隨台大登山會走樟山寺，到樟山寺後再單獨走到杏花林，中午在「龍門客棧」午餐，慶祝結婚第34年。

△元月十一日，在天成飯店參加「中國全民民主統一會」執監委員會，由會長王化榛主持，並確定三月北京行名單。

△元月十二日，與妻隨台大登山會走劍潭山，沿途風景優美。

△元月二十四日，參加台大志工講習會，會後參觀台大植博館。

△元月、二月，有三本書由文史哲出版，《把腳印典藏在雲端》、《台北的前世今生》、《奴婢妾匪到革命家之路：謝雪紅》。

△春節，哪裡也沒去，每天照常在新店溪畔散步、寫作、讀書。

△二月九日，參加「台大登山會」新春開登，目的地是新莊牡丹心環山步道」，在泰山、林口接壤的牡丹山系，全天都下著不小的雨，考驗能耐。我和信義、俊歌兩位師兄，都走完全程，各領一百元紅包。

△二月十八日，中午與食科所游若萩教授共同主持兩個會，教授聯誼會邀請台北市教育局長林奕華演講，及「千歲宴」第二次籌備會。到會另有職工會秘書華洲兄、陳梅燕等十多人。

△二月廿一、廿二日，長青四家夫妻八人（虞、張、劉、我及內人們），在張哲豪的基隆「公館」度假，並討論四月花蓮行，決議四月十四、十五、十六共三天到花蓮玩。

△三月三日，中國文藝協會以掛號專函通知，榮獲第五十五屆中國文藝獎章文學創作獎，將於五月四日參加全國文藝節大會，接受頒獎表揚。

△三月八日，晚上在三軍軍官俱樂部文華廳，參加由中國文藝協會理事長王吉隆先生所主持的理監事聯席會，有理監事周玉山、蘭觀生、曾美

霞、徐菊珍等十多人參加。

△三月十日，由台大教聯會主辦，退聯會和職工會協辦，邀請台北市教育局長林奕華演講，主題關於十二年國教問題，中午十二時到下午一點三十圓滿完成（在台大第一會議室）。

△三月十六日，三月是台大的「杜鵑花節」，每年三月的假日，我們擔任台大秘書室的志工們，都輪值校門口「坐台」（服務台），招呼人山人海的參訪來賓。今天上午九時到下午一時我值班，下班立即前往第一殯儀館「鼎峰會館」，向陳宏大哥上香致敬，並以《漸凍勇士陳宏傳：他和劉學慧的傳奇故事》一書代香花素果，獻於陳大哥靈前。此因十八號他的追思會我在台大有兩個重要會議要開，向學慧師姊說了先來拈香，我也因寫了陳宏的回憶錄，和他有心靈感應，他也給我的人生有重大啟示，故向陳宏大哥獻書，願他一路好走，在西方極樂世界修行，別再重回六道，受人間諸苦。

△三月十八日，上午主持今年第一次「台大退休人員聯誼會」理監事會，並邀請吳信義學長會後演講，到有全體理監事各組長二十多人。下午參加校長楊泮池主持的「退休人員茶會」，按往例我參與茶會並在會中報告退聯會活動，陳志恆小姐隨同我參加，在現場「招兵買馬」，成效

甚佳。

△三月二十日，上午到二殯參加海軍少將馬振崑將軍公祭（現役五十七歲），我以台大退聯會理事長身份主祭，信義和俊歌兩位師兄與祭。現場有高華柱、嚴明、葉昌桐等高級將領，至少有五十顆星星以上。下午，到翔順旅行社（松江路）參加北京行會議，下週二共二十人參加這次訪問。

△三月二十一日，中餐，在「台大巨蛋」文康交誼廳，參加由台大文康委員會主委江簡富教授（電機系）所主持，「一〇三年文康會預算會議」，到有台大教職員各社團負責人近三十人。

△三月廿五到三十日，應中國全民民主統一會會長王化棒先生及信義、俊歌兩位師兄之邀請，以特約記者的身份參加全統會北京、天津參訪團，全團二十人。我們拜會天津、北京的中國和平統一促進會、黃埔軍校同學會等。（詳見我所著《中國全民民主統一會北京天津行：兼略論全統會的過去現在和未來發展》，文史哲出版）

△四月十四、十五、十六，近半年來我積極推動的「長青家族花蓮行」，終於成真，內心感到安慰極了。回想五年多來，長青家族的聚會竟如同打烊，太氣人了。這件事能促成，比我在花蓮擁有一甲地更值得。這

心聲在三天旅遊中我沒說出來，今只在此說給大家聽，義輝、阿妙、阿張、金燕、劉建、Linda 和我妻，「以心傳心」傳給你們聽！

△五月二日，由中國文藝協會主辦，行政院文建會贊助指導，第五十五屆文藝獎章得獎人，今天在部分平面媒體公告，下列是聯合報資料。後天就是「五四文藝節」，將在三軍軍官俱樂部盛大慶祝並頒獎。據聞，副總統吳敦義將親自主持。

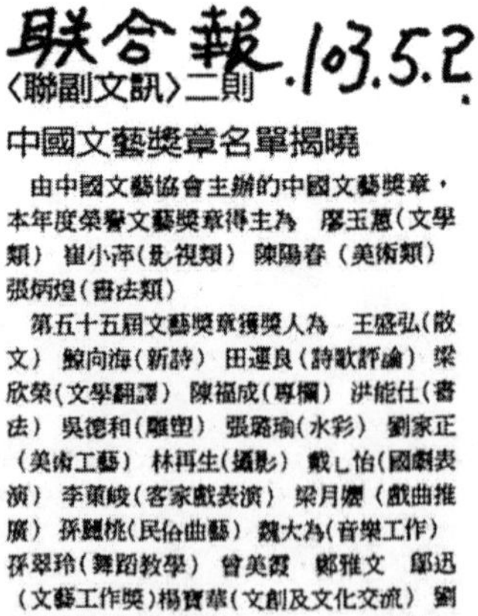
聯合報.103.5.2.

〈聯副文訊〉二則

中國文藝獎章名單揭曉

由中國文藝協會主辦的中國文藝獎章，本年度榮譽文藝獎章得主為 廖玉蕙（文學類） 崔小萍（影視類） 陳陽春（美術類） 張炳煌（書法類）

第五十五屆文藝獎章獲獎人為 王盛弘（散文） 鯨向海（新詩） 田運良（詩歌評論） 梁欣榮（文學翻譯） 陳福成（專欄） 洪能仕（書法） 吳德和（雕塑） 張璐瑜（水彩） 劉家正（美術工藝） 林再生（攝影） 戴[illegible]怡（國劇表演） 李菊峻（客家戲表演） 梁月嬌（戲曲推廣） 孫麗桃（民俗曲藝） 魏大為（音樂工作） 孫翠玲（舞蹈教學） 曾美霞 鄭雅文 鄔迅（文藝工作獎）楊寶華（文創及文化交流） 劉詠平（海外文藝工作獎）　（丹墀）

△五月四日，榮獲文學創作獎。下午到晚上，參加全國文藝節及文藝獎章頒獎典禮，直到晚上的文藝晚會都在三軍軍官俱樂部。往年都是總統馬英九主持，今年他可能因母喪，改由副總統吳敦義主持。

△五月初的某晚，關雲的女兒打電話給我，媽媽走了！我很震驚，她是中國文藝協會會員、三月詩會詩友，六十五歲突然生病很快走了！怎不

叫人感慨！

△五月二十日，籌備半年多的「台大退聯會千歲宴」，終於快到了，今天是退聯會上班日，大家做最後準備。中午到食料所午餐，三個分會（退聯會、教聯會、職工會），再開宴前會，確認全部參加名單和過程。

△五月廿二日，上午九點到下午兩點，千歲宴正式成功辦完，校長楊泮池教授也親臨致詞，和大家看表演、合照。今天到有八十歲以上長者近四十人，宣家驊將軍、方祖達教授等都到了。

△六月二日，今天端午節，中午在中華路典漾餐廳，由全統會會員（會長王化榛、秘書長吳信義、會員吳元俊，我等十多人），宴請天津來訪朋友，有些我們三月去天津已見過，他們到有：王平、劉正風、李偉宏、蔣金龍、錢鋼、商駿、吳曉琴、李衛新、賈群、陳朋，共十人。

△到六月止，近十個月來，完成出版的書有：《把腳印典藏在雲端：三月詩會詩人手稿詩》、《台北公館台大地區考古・導覽》、《我的革命檔案》、《中國全民民主統一會北京行》、《60後詩雜記現代詩集》、《胡爾泰現代詩研究》、《從魯迅文學醫人魂救國魂說起》；另外，《臺大退聯會會務通訊》也正式出版，第一版先給理監事會看，年底會員大會再印贈會員。

△六月十一日，《臺大會訊》報導「千歲宴」盛況如下：

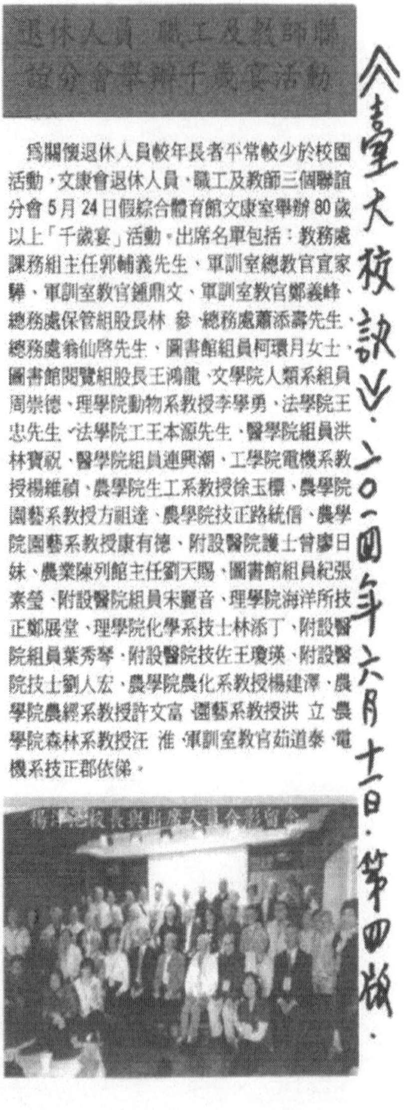

退休人員、職工及教師聯誼分會舉辦千歲宴活動

爲關懷退休人員較年長者平常較少於校園活動，文康會退休人員、職工及教師三個聯誼分會5月24日假綜合體育館文康室舉辦80歲以上「千歲宴」活動。出席名單包括：教務處課務組主任郭輔義先生、軍訓室總教官宣家驊、軍訓室教官鍾鼎文、軍訓室教官鄭義峰、總務處保管組股長林 參、總務處蕭添壽先生、總務處翁仙啓先生、圖書館組員柯環月女士、圖書館閱覽組股長王鴻龍、文學院人類系組員周崇德、理學院動物系教授李學勇、法學院王忠先生、法學院工王本源先生、醫學院組員洪林寶祝、醫學院組員連興潮、工學院電機系教授楊維禎、農學院生工系教授徐玉標、農學院園藝系教授方祖達、農學院技正路統信、農學院園藝系教授康有德、附設醫院護士曾廖日妹、農業陳列館主任劉天賜、圖書館組員紀張素瑩、附設醫院組員宋麗音、理學院海洋所技正鄭展堂、理學院化學系技士林添丁、附設醫院組員葉秀琴、附設醫院技佐王瓊瑛、附設醫院技士劉人宏、農學院農化系教授楊建澤、農學院農經系教授許文富、園藝系教授洪 立、農學院森林系教授汪 淮、軍訓室教官茹道泰、電機系技正郡依傑。

《臺大校訊》.二〇一四年六月十一日.第四版.

△六月十三日，上午率活動組長關麗蘇、會員組長陳志恆、文康組長許秀錦，拜會位於新店的天帝教總會，他們有劉曉蘋、李雪允、郝寶驥、陳啟豐、陳己人等多位接待我們。議決九月十七日，台大退聯會組團（40人）參訪天帝教的天極行宮（在台中清水）。會後，中午在總會吃齋飯。

△六月十七日，主持台大退聯會理監事會，我主要報告《會務通訊》出版事宜，經費籌劃等。

△七月一日，從六月到現在，為《會訊》出版事向台大各單位化緣，文康會主委江簡富補助三萬，總務長王根樹教授給五萬元，校長同意寫序。

△六到七月，我的《華夏春秋》雜誌打烊後，曾有大陸朋友要在大陸復刊，江蘇的高保國搞一期又打烊了。最近遼寧的金土先生復刊成功，希望他能長長久久辦下去。以下是創刊號的封面和內首頁。

筆者於西南大學留影（2009 年）

△到八月止：在文史哲出版社完成出版的著作，七、八月有：《留住末代書寫的身影》、《我這輩子幹了什麼好事》、《「外公」和「外婆」的詩》、《中國全民民主統一會北京天津行》。

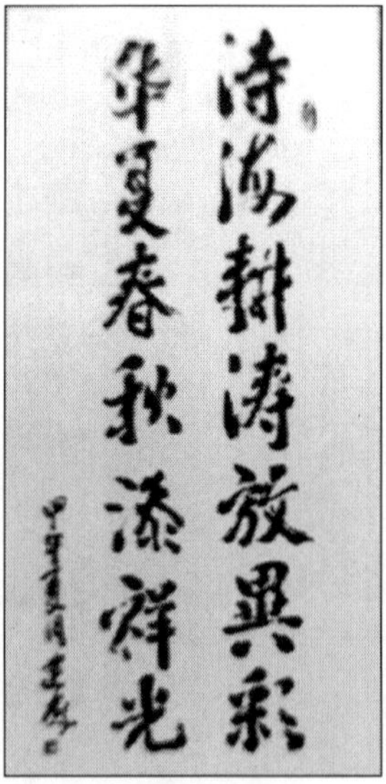

△八月一到五日，參加「二〇一四佛光山佛學夏令營」，今年主題是「戒定慧」。同行的好友尚有：吳信義、吳元俊、關麗蘇、彭正雄。

△八月二十六日，主持「台大退休人員回娘家」聯歡餐會，在「台大巨蛋」文康室熱鬧一天，近百會員參加。

△九月二日，主持「台大退聯會」第九屆第七次理監事會，我在會中發表〈不連任、不提名聲明書〉，但全體理監事堅持要我接受提名連任，只好從善如流，接受承擔。

△九月十六日，下午參加由校長楊泮池教授主持的「退休人員茶會」，我的任務是報告「台大退聯會」概況並積極「招兵買馬」。

△九月十七日，率台大退休人員一行40人，到台中清水參訪「天帝教天極行宮」。

△九月到十月間，退聯會、聯合服務中心，工作和值班都照常，多的時間寫作、運動，日子好過，天下已不可為，就別想太多了。

△十一月四日，主持「台大退聯會」第九屆第八次理監事會，也是為下月二日年度會員大會的籌備會，圓滿完成。

十二月二日，主持「台灣大學退休人員聯誼會」第九屆2014會員大會，所提名十五位理事、五位監事全數投票通過，成為下屆理監事。

△十二月十三日，下午參加《陸官44期同學理監事會》，會後趕回台大參加社團幹部座談、餐會。

△十二月十四日，三軍軍官俱樂部參加「中華民國新詩學會」理監事會。

△台大秘書室志工午餐（在鹿鳴堂），到有：叢曼如、孫茂鈴、郭麗英、朱堂生、吳元俊、吳信義、孫洪法、鄭美娟、簡碧惠、王淑孟、楊長基、宋德才、陳蓓蒂、許詠婕，郭正鴻、陳美玉、王來伴、蘇克特、許文俊、林玟妤來賓和筆者共21人。

△關於民一〇二、一〇三年重要工作行誼記錄，另詳見《台灣大學退休人員聯誼會第九任理事長記實》一書，文史哲出版社，二〇一五年元月。

△今年有十五本書出版。

民國一〇四年（二〇一五）六十四歲

△元月六日，主持「台大退休人員聯誼會」第十屆理監事，在校本部第二會議室開會投票，我連任第十屆理事長。

△關於民一〇四、一〇五年重要工作行誼記錄，詳見《台灣大學退休人員聯誼會第十任理事長記實暨 2015、2016 事件簿》，文史哲出版社，二〇一七年四月。

△今年共有九本書出版。

民國一〇六年（二〇一七）六十六歲

彈吉他唱歌（一）

荷一把吉他耕耘
把愛耕出來
就長出動人歌聲
餘音種心田，永不絕

感傷和苦悶會在風中醞釀
轉化成熱情
帶著吉他去流浪
唱出人生的壯歌

彈吉他唱歌（二）

彈吉他唱歌給北風聽
四極都醒來
北極村到曾母暗沙
噴赤河到伯力

祖靈都聽到了
長江黃河的龍聽見
男女老少嬰兒都聽見
走和未走的人聽見

△元月：新的一年開始，這世界會更亂，美國狂人川普會怎樣把地球玩垮？台獨蔡英文、陳建仁領著一批背叛父祖的妖魔，會怎樣搞垮台灣？促成中國以武力（或非和平）諸手段，完成最後的統一。

元月的幾次抗爭，我都到場參與，我並不在乎錢，我主張以革命手段推翻台獨不法政權。

二十七日除夕，全家吃團圓飯，牧宏也回來，按老祖宗習俗發紅包給三個孩子，每個都兩仟元，牧宏給我和妻每人三萬元。

△元月中旬：完成《現代田園詩人許其正作品研究》，約十餘萬字。

△元月十八日：全統會宜蘭一日遊，參觀黃錦璋的豪宅，他也宴請大家，到有數十人：吳信義、陳淑貞、吳元俊、楊長基、蘭觀生、彭正雄、台客、小馬、關姊、陳美枝、平振剛、徐中尊、歐陽布、蔡享民、劉立祖、任廷偉、周美川、吳淑媛、余明鳳、葉春輝、勞政武、郭年昆、簫錦宗、李山栗、鄭振、黃銘璋，還有本座。

△二月完成「台灣大學退休人員聯誼會」理事長交接，重要業務已在去年底完成交接，二月只針對一百多萬元基金交接手續。

△二月十八、十九日：全家花蓮兩日遊。

△二月二十六日：全統會在天成飯店開會員大會，到有百餘人。

△三月：完成《林錫嘉現代詩賞析》。

△三月十五日：老同學木柵茶園遠足吃飯，陳方烈、袁國台、高立興、周立勇、童榮南和我。

△四月十七日：「八田與一」被砍頭，看了今天這則新聞好爽，全台所有倭寇留下的「遺毒」應全部砍除，含偽總統府也要拆除，不要再毒害中華兒女了，不知要如何才能全部清除台灣人的「倭人皇民」思想？被倭人統治五十年的「奴性」難以清洗，像賴清德這種漢奸不知有多少！

人間福報
2017.4.17
全台所有日本留下遺毒，
全要清除，向勇者致敬！

位於烏山頭水庫內的日本技師八田與一塑像，昨天清晨被人發現遭「斷頭」破壞，警方獲後到場採證調查。　圖／中央社

△四月十八日：今天有兩件事，一是參加軍公教包圍立法院的抗議活動，我知道這用處功能可以說沒有，邪惡的空心菜女妖完全不理我們，但

軍公教要表態，不能任由女妖宰割。

其次向李承龍致敬，如剪報資料，他是勇者，要向他致敬。我們光說不練，這是藍營（統派）輸的原因，統派只有一個李承龍，獨派有一堆。

向李承龍致敬．大家來清除倭人遺毒

涉損八田與一像 李承龍：該做的事

倭鬼

【本報台南訊】前台北市議員李承龍昨在臉書上自爆涉入烏山頭水庫八田與一銅像破壞案，下午被警方帶往台南地檢署。他搭車抵達高鐵台南站時表示：「該做的事就是要做。」

人間福報．一〇七．四．十八

與李承龍一起接受檢警偵訊的還有一名邱姓女子，兩人涉嫌在十四日到烏山頭水庫，將八田與一銅像的頭部弄斷。

李承龍在抵達高鐵台南站時神色自若，面對媒體追問為何要破壞銅像時？他說，這不是「斬首」，銅像還在好好的，沒有被破壞。媒體再追問計畫多久了？李承龍說，已經好幾年了，該做的事就是要做。媒體持續追問銅像的頭在哪裡？他說，頭在台灣。

隨後兩人就被警方帶上偵防車，前往台南地檢署，並經由地下室的車道進入南檢。

這已不是他第一次有如此激進行動。去年六月，「台灣民政府」成員辱罵榮民引發軒然大波，李承龍就曾與自稱「中華武裝民政府」成員何守為等人夜襲其位於桃園市龜山山區的總部，朝其成員宿舍、教室扔擲汽油彈縱火，全程甚至有人在旁錄影直播，熊熊烈焰駭人，由於證據確鑿，事發隔天傍晚就被警察依殺人未遂、毀損等罪移送法辦，羈押禁見超過兩個月，期間還有聲援者包圍桃園院檢，要求放人。

△四月二十日　星期四　晚　台大職工會報告

晚上參加台大職工聯誼會，現職人員選理監事。我報告「退聯會」概況，大家退休後來參加「退聯會」。

△四月：整月有「八百壯士」，抗議蔡英文偽政權胡搞，只要有活動，我有空就參加。

△五月三日：參加「台大逸仙學會」（在水源會館）。

△五月四日：參加五四文藝節（三軍軍官俱樂部）。

△五月七日：接受台大圖書資訊所研究生訪談，談台大人退休生活。來訪的碩一生兩位（佳莉、吳承奕），博士生一位（黃蓓伶），聊了兩個多小時。

△五月十二日　星期五　台大秘書室志工同樂會

在巨蛋文康室舉行，參加人有：蘇克特、郭耀東、許秀錦、陳美枝、許文俊、孫茂鈴、吳信義、郭麗英、王來伴、俊歌、陳蓓蒂、朱堂生、楊長基、吳菊卿、馬鳳芝和我。另有元極舞社數人。

△五月十六日　星期二　參加大人物溫兆安智庫論壇

應大人物范揚松邀請，參加「歡迎溫兆安控股集團溫兆安主席蒞台參訪」，談企業經營與社會責任實踐。

這是兩岸三地的民間智庫，與談的十人（如表）各有專長。我報告的部分，從東西方文化切入，社會企業或所謂「企業的社會責任」，未來中國會發展的比較好。原因在西方社會的主流是資本主義，中國古來沒有資本主義，反而有較多的社會主義元素，可以這麼說，「中華文化是社會企業發展的溫床」。

歡迎溫兆安控股集團溫兆安主席蒞台參訪

5/16(二)、15:30～17:30 民間智庫「企業經營與社會責任實踐」座談

地點：台北市電腦公會(台北市松山區八德路三段2號5樓)

承辦：大人物知識管理集團、兩岸三地民間智庫論壇

一、主講人：溫兆安主席、蔡慧玲律師、范揚松教授

二、與國際控股集團溫兆安主席對話：

1. 范揚松博士(行政院國家級台三線委員、瑞士歐大台北分校校長)
2. 蔡慧玲大律師(台灣尤努斯基金會董事長、好孝巢社企董事長)
3. 吳明興博士(佛光大學碩博班教授、出版集團總編輯、詩人)
4. 陳福成教授(台大退休教職員協會理事長、軍事、政治專家)
5. 馮志能博士(前原子能委員會會計長、教授、環保集團CEO)
6. 張秋銘博士(中國政法大學教授、北京、蘇州、廣州仲裁員)
7. 鄒濬淦院士(教授、客屬協會理事長、香港環球電視顧問)
8. 許文彬博士(大潤鴻集團副董事長、長庚醫學院總務長)
9. 許舜南博士(國防大學戰爭學院將官班教授、孫子兵法專家)
10. 梁錦鵬博士(國立體育大學創新課程教授、前玄奘資訊長)

其他與會：曾詩文、范振夫等瑞士歐大DBA博士候選人數名。

三、座談會後18:00～21:00在王朝大酒店2F玉蘭軒安排餐敘深度交流。

▷五月二十一日　星期天　朋友E來老人「敬告」

好友E來一則「敬告」老人金言，有十事要記住並實踐：學會沈默、回歸平靜、學習彎腰、繼續學習、保持單純、偶爾俗氣、打扮自己、

偶爾傻些、不要老是想當初、經常祝福別人。

我檢討以上十大老人金言，只有「打扮自己」吾以為不必，整齊清潔合於社交禮儀即好。我從不「刻意打扮」，簡單最佳。其他九項，我大致可以有把握做到八成。

△六月：是抗議月。軍公教警勞聯合抗議冥陰黨、蔡陰魂這些邪惡集團，牠們不垮，台灣沒希望，一定要整垮牠們。

△六月八日：下午二時，《華文現代詩》領導鄭雅文小姐，邀請同仁到喜來登喝下午茶。彭正雄、林錫嘉、許其正、莫渝、陳寧貴都到了。

△六月十二到十四日：回台中掃墓並取暖，親人都平安健康。

△六月十九日：台大退休教官餐會，對於台大教官從二十多年前的五十人，現在剩二人，都很無力感，都退休了。這個制度也快走入歷史。

△六月二十一日：「台大逸仙學會」會員大會，晚上在水工所舉行，選新會長，農經系教授官俊榮當選。

△七月三日：四十四期老同學石碇千島湖遠足，高立興、林鐵基、袁國台、童榮南、陳方烈、周立勇學長和我，一行人開兩部車，太熱了。

△七月十三到十六日：信義、台客、關姊、我，參加佛光山佛學夏令營，過了幾天平靜的生活，每天禮佛、早晚課、上課等。

△七月二十六日：下午《華文現代詩》第十四期出刊會議，晚上彭公在彭園宴請大家。

△八月：除抗議在位者外無大事：每天吃飯、睡覺、運動、寫作外，一切生活正常。如王陽明說的：「飢來吃飯倦來眠，只此修行玄更玄；說與世人渾不信，卻從身外覓神仙。」不外求，我便是神仙。

△九月：上旬無大事：一號是台大志工研習、四日是華國緣餐會，吃吃喝喝聊八卦，八日參加中華民國辦的「中國抗日八十週年」，這算大事。另一件大事，偽行政院長換人，去了一個王八蛋，來了一個混蛋，全是「台獨偽政權」。

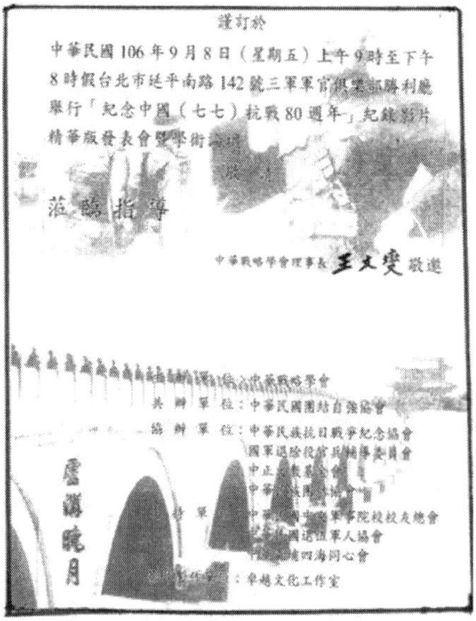

謹訂於
中華民國106年9月8日（星期五）上午9時至下午8時假台北市延平南路142號三軍軍官俱樂部勝利廳舉行「紀念中國（七七）抗戰80週年」紀錄影片精華版發表會暨學術論壇
莅臨指導
中華戰略學會理事長王文燮敬邀
共辦單位：中華民國團結自強協會
協辦單位：中華民族抗日戰爭紀念協會
國軍退除役官兵輔導委員會

△九月：下旬有大事：不需要日本這樣國家存在十七號就把〈金土研究〉寫了三章。最大的大事，是十六號報紙刊出，北韓射彈飛過倭國上空，並稱「不需要日本這樣的國家存在北韓附近」，要炸沉日本島，使其全部沉入海底。所謂「大和民族」就亡種亡國了！

真是太好了！合乎我一貫著書立說的主張，日本這民族一定要令其亡種亡國，亞洲才有永遠和平之日。

△九月十七日在「粗茶淡飯」供養詩友方飛白

這晚在「粗茶淡飯」（在公館）和飛白兄小聚聊天，聽他聊起很多他親身經驗的荒謬事，聊起一些面對濁惡世界必須要的轉念：㈠自信是成功的第一步、㈡改變想法就能改變世界、㈢成功有時有些機會，沒有機會要創造機會。欣賞一幅神聯：

鳥在籠中，恨關羽不能張飛；

人活世上，要八戒更需悟空。

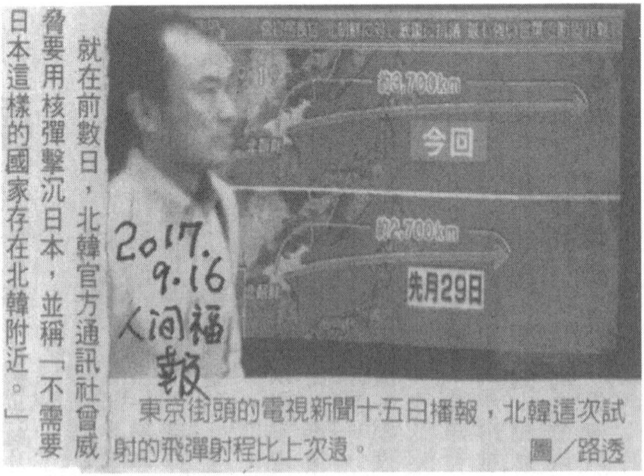

東京街頭的電視新聞十五日播報，北韓這次試射的飛彈射程比上次遠。　圖／路透

就在前數日，北韓官方通訊社會威脅要用核彈擊沉日本，並稱「不需要日本這樣的國家存在北韓附近。」

△九月下旬無大事

九月下旬有什麼事可入春秋事？十八號台大教官餐會，十九日台大退聯會理監事會，二十四日到佛光山台北道場參加「星雲教育獎」頒獎典禮。前校長孫震獲「終身教育典範」獎，信義、俊歌和我，在現場與老校長合影留念。

△十月十一日：全統會宜蘭一日遊

中國全民民主統一會，一個小小的統派團體，現在已經沒有能力可以影響政策，只能隨其他統派團體吶喊！別無作用。

若有，只剩下吃吃喝喝，到處旅遊，大陸旅遊帶上一點交流，已是功德一件。

△十月二十日　展望吾國二〇五〇年社會主義現代化強國

我中華民族之復興，就靠中國共產黨了。十九大全代會在北京登場，習近平同志以「不忘初心，牢記使命，高舉中國特色社會主義大旗，決勝全面建成小康社會，奪取新時代中國特色社會主義偉大勝利」為主題，發表三個半小時演說。

強調中國發展的大戰略目標，二〇三五年實現「社會主義現代化」和「國防、軍隊現代化」，本世紀中葉建成「社會主義現代化強國」。啊！

我以中國人為榮，二十一世紀真的是中國人的世紀了，這是一百多年前孫中山說的，現在我就看見了。

△十月二十四日　積50年經驗、65年來第一次

從讀初中開始寫作，至今未停，算是積50多年經驗，現在成為我消磨時間、解無聊情緒的良藥。走進我的寫作王國，也是為隔離一切我不滿的外境。

「資深作家、詩人」，不錯的美名，65歲以上可受邀參加，也是六十五年來的第一次參加文藝雅集。凡第一次都珍貴，資料保存做永久紀念，神仙也不能保證一定會有第二機會。有機會參加這個活動，也表示自己老了，確實體力有差，騙不了人。老就是老，要感恩，因為很多人沒機會老！

2017.10.19　人間福報

中共台籍黨代表

盧麗安：愛台灣也愛大陸

中華民族之光

【記者金蜀卿北京報導】一位土生土長的台灣人，爲什麼要加入共產黨？盧麗安（圖／新華社）昨日以中共十九大黨代表身分走進北京人民大會堂，向媒體說明她的入黨理念。盧麗安一九六八年出生於高雄，受到生活在日據時代的外公影響，對歷史有一段反思。外公自傳裡描述了童年時期的苦難，表示希望中華民族能夠站起來，希望中國人民不要再遭受戰爭動亂的苦難了。盧麗安說，「現在我明白我外公的新願，爲後代、爲我們子孫許下的心願，其實就是人民對美好生活的嚮往。」

機會

有機會參加這個活動，
也表示自己老了，
確實體力有差，
騙不了人。
就是老，
要感恩，
因為很多人，
沒機會老！

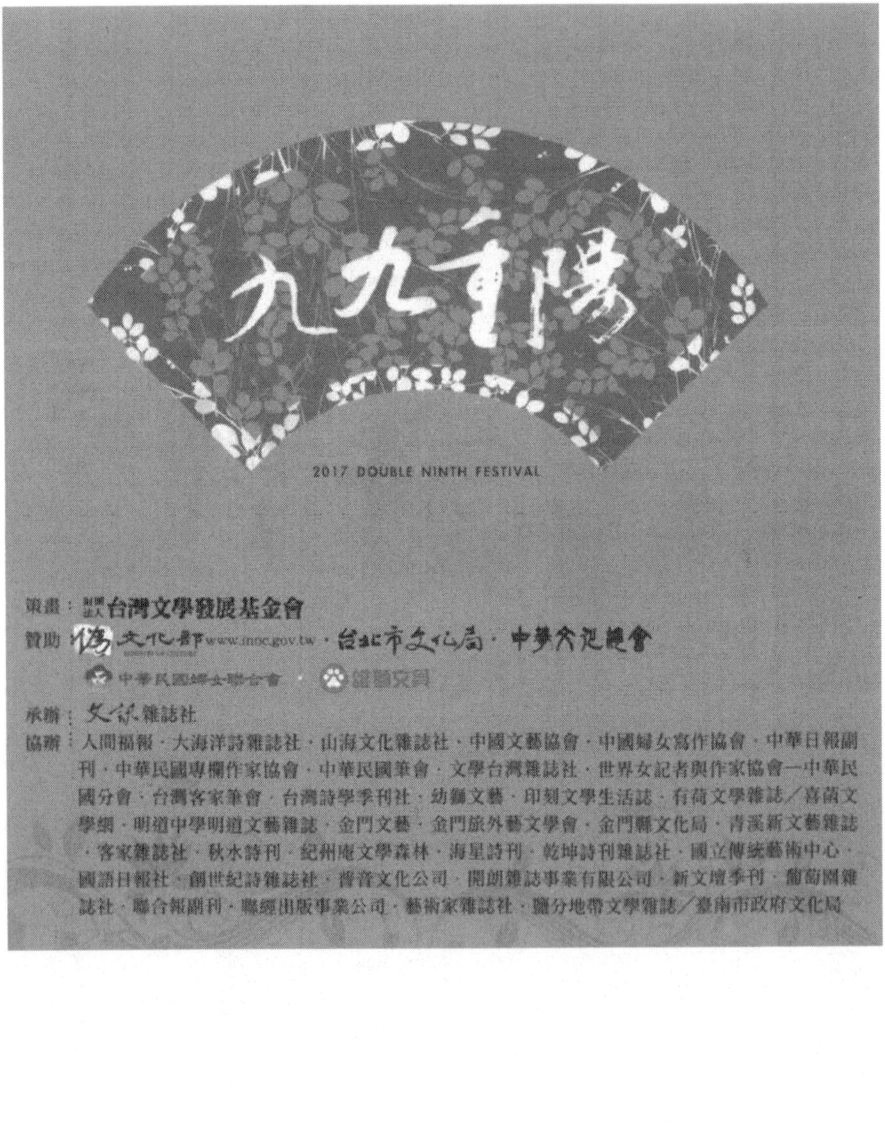
九九重陽
2017 DOUBLE NINTH FESTIVAL
策畫：財團法人台灣文學發展基金會
贊助：文化部 www.moc.gov.tw・台北市文化局・中華文化總會
中華民國婦女聯合會・健康文興
承辦：文訊雜誌社
協辦：人間福報・大海洋詩雜誌社・山海文化雜誌社・中國文藝協會・中國婦女寫作協會・中華日報副刊・中華民國專欄作家協會・中華民國筆會・文學台灣雜誌社・世界女記者與作家協會－中華民國分會・台灣客家筆會・台灣詩學季刊社・幼獅文藝・印刻文學生活誌・有荷文學雜誌／喜菡文學網・明道中學明道文藝雜誌・金門文藝・金門旅外藝文學會・金門縣文化局・青溪新文藝雜誌・客家雜誌社・秋水詩刊・紀州庵文學森林・海星詩刊・乾坤詩刊雜誌社・國立傳統藝術中心・國語日報社・創世紀詩雜誌社・齊音文化公司・開朗雜誌事業有限公司・新文壇季刊・葡萄園雜誌社・聯合報副刊・聯經出版事業公司・藝術家雜誌社・鹽分地帶文學雜誌／臺南市政府文化局

敬愛的藝文界朋友：

又來到一年當中的好時節——憑藉重陽之名，願能與您相聚。「2017文藝雅集」活動，謹訂於10月24日（星期二）上午11點，在臺大醫院國際會議中心，庭園會館201宴會廳舉行，竭誠期待您的蒞臨。

為空間隔阻的情誼，捎來訊息。「文訊關懷列車」依舊啟動，探望幾位因年事或身體狀況，無法親自與會的資深前輩，拍攝影片並於會場播放，為文友安排另一種相聚。

也為難得的聚首，今年文藝雅集餐會之後，我們特別安排了「會後會」，延伸至紀州庵文學森林，邀請大家參與「旗袍一族——五〇年代女作家影像特展」開幕茶會，在照片與回憶中，與老友們共度午後文藝時光。

今年我們仍將為各位來賓安排桌次。由於場地容納有限，為確實掌握出席人數，將活動籌備得更好，敬請填妥回函，於9月20日前以電話、傳真或郵寄方式回覆。我們將在10月15日前奉寄桌次表及活動會場地圖，以待光臨。

至謝，並誠摯期待您的回覆。

文訊雜誌社　敬邀

謝謝持筆斬棘的前行者，探尋可能的深谷，
創造路徑，將難以言喻的花，帶回世人面前，
因此世界有了全新的顏色、豐富的氣味，與寄託的夢。
又是一年，文藝雅集好時節。
為創作的時光舉杯。
重九相聚，陽光滿境。

九九重陽
文藝雅集

時間：2017年10月24日（二）11：00～13：30
10：00開始報到
地點：臺大醫院國際會議中心・庭園會館二樓201廳
台北市徐州路2號

會後會

【旗袍一族・女作家影像特展】

時間：2017.10.24～11.12
地點：紀州庵文學森林（台北市中正區同安街107號）

一邊操持家務，一邊構思創作，並參與社會文化活動——
一幅幅五〇年代旗袍女子的照片，記錄了女作家文學參與的時代身影。
經由此次特展，一同欣賞屬於旗袍時代的美麗，
回憶或見證當時女作家們的創作、情誼與生活。
活動當日13:00～13:30餐會結束即備專車，前往紀州庵文學森林
參加開幕茶會並欣賞特展。

敬愛的陳福成先生：

歡迎您參加「2017文藝雅集」，活動時間為10月24日(星期二)上午11時正式開始（10：00開始報到）。我們為您安排的桌次為第 26 桌，因與會人數眾多，座位安排未盡如意，請多包涵。活動當天於報到處領取名牌之後，請依桌次入席，如需協助，現場將有工作人員引導。

奉上活動會場（臺大醫院國際會議中心庭園會館201廳，台北市徐州路2號）的交通方式和地圖，敬請參閱。

耑此 敬祝

大安

文訊雜誌社 敬上 2017.10.12

聯絡人：(02) 2343-3142*101 廖于慧

*302 吳穎萍

2017文藝雅集｜桌次席位表

1 鄭麗君・朱瑞皓・李麗珠・張鐵志・廖振富・劉國松・柴松林・王榮文・方寬銘・陳哲妮・封德屏

2 林央敏・林宗源・林瑞明・邱各容・徐如林・莊永明・陳坤崙・陳耀昌・趙天儀・履　彊・鄭烱明

3 丘秀芷・陳文婷・季　季・林　齡・桑品載・張騰蛟・陳蕙慧・麥　穗・管　管・蔡素芬・隱　地

4 尹　玲・向　明・吳疏潭・宋穎豪・孟繼淇・俞允平・張　健・曹介直・楊昌年・趙玉明・張凱岑

5 古　月・辛　牧・徐　瑞・張孝惠・張拓蕪・陳淑美・張　默・陳素英・紫　鵑・落　蒂・羅　行

6 王學敏・古蒙仁・白　靈・吳德亮・梁欣榮・陳　填・黃克全・詹　澈・蕭　蕭・應鳳凰・羅　青

7 左秀靈・吳東權・李元平・李　舫・姚家彥・胡子丹・郭　兀・陶明潔・趙心鑑・潘長發・鄧鎮湘

8 佛　鑾・李郁周・杜奇榮・林清泉・洪宜勇・曹俊彥・連勝彥・陳宏勉・林淑女・陳坤一・陳維德

9 文　林・古國順・江彥震・宋細福・林國隆・莊華堂・陳石山・游銀安・黃永達・葉蒼秀・謝鵬雄

10 王水衷・吳玉雲・李台山・洪玉芬・翁國鈞・陳妙玲・楊筑君・楊肅民・楊樹清・盧翠芳・顏艾琳

11 王羅蜜多・羊子喬・朱國珍・呂毓卿・沈臨龍・林黛嫚・張植珊・陳若曦・陳連禎・黃文範・鄭貞銘

12 方祖燊・黃麗貞・李殿魁・鄭向恆・周志文・洪銘水・徐　瑜・張素貞・曾昭旭・黃慶萱

13 何肇衢・何耀宗・李賢文・林耀堂・施並錫・孫少英・陳甲上・曾仕良・寧　可・寧忠湘・閻振瀛

14 王　愷・陳美潔・宋文濤・金哲夫・袁家瑋・康芸薇・陳晨曦・陳慈銘・項紀台・楊蓮英・龔旭初

15 丁　穎・亞　嫩・于愷駿・王曉波・宋　元・周伯乃・徐子林・徐世澤・殷勝祥・高　準・齊衛國

16 白棟樑・余崇生・李啟端・沈花末・陳文榮・陳光憲・趙迺定・歐銀釧・鄭煥生・鄭鍾連喜

17 文壽峰・王漢金・李文漢・李可梅・李金霞・邢運蓉・金　劍・崔崇光・俞川心・徐松齡

18 王先正・任　真・沈　立・金　筑・陳司亞・黃信樵・葛治平・許月娥・謝輝煌・羅明河

19 古　梅・田生根・書　戈・彭渝芳・張忠進・張泉增・陳識南・喬　木・張曉明・黃春旺・蔡清波

20 丁貞婉・吳　璵・李重重・周月坡・梁秀中・郭東榮・陳銀輝・焦士太・楊淑貞・樸　月・蘇正隆

21 李　昂・梁海強・許　王・許娟娟・陳　剩・黃　仁・楊素珍・杜志成・賴禎祥・賴黃惠珠・鍾任壁

22 王亞維・王黛影・宋雅姿・袁言言・高雷娜・荻　宜・陳　薇・廖玉蕙・劉靜娟・蔡全茂・龔書綿

23 余玉照・胡其德・胡耀恆・高天恩・許麗卿・陳素芳・曾心儀・楊小雲・歐茵西・蔡澤玉

24 毛先榕・余玉英・沙　白・柯錦鋒・孫小英・郭心雲・郭　妙・陳亞南・黃漢龍・蔡文怡・謝　文

25 丁履譔・紀秋郎・秦賢次・翁文嫻・康來新・張靜二・陳秀潔・陳得勝・陳慶煌・楊宗翰・鄭明娳

26 吳敏顯・林錫嘉・徐惠隆・許其正・陳福成・傅　予・彭正雄・黃恆秋・黃錫淇・葉日松・葉羅瑞新

27 李在敬・孫清吉・寇文謙・張慧元・莊桂香・莊麗月・陳祖華・董益慶・綠　蒂・劉曼紅・蘭觀生

28 江澄格・符兆祥・郭文夫・陳朝寶・彭行才・江富美・趙　明・阮淑琴・劉文潭・謝震隆・謝美枝

29 田新彬・妍　音・周玉卿・邱怡青・孫雄飛・孫慧琴・張芳玲・張雪梅・梅　遜・楊祖光・喜　菌

30 羊憶玫・唐潤鈿・周　全・夏　鈺・張幼雯・楊銀鳳・愛　亞・劉淑華・蔡　怡・鄭淑華

31 妙方法師・杜晴惠・林蔚穎・涂靜怡・張慧心・陳欣心・陳麗卿・琹川・覺涵法師・林秋霞

32 杜　萱・林武憲・邱　傑・夏婉雲・許建崑・許義宗・陳正治・傅林統・黃　海・葉言都

33 吳雪雪・李宗慈・周昭翡・林少雯・林　芝・邱秀堂・陳小凌・程榕寧・趙　琴・劉菊英・歐陽元美

34 李展平・汪鑑雄・柳愈民・胡坤仲・柴　扉・林月華・潘榮禮・蕭　燕・鄭仰貴・林　銀

35 王克敬・任　玉・李梅蘭・周嘉川・梁美儀・梁嘉木・楊　明・趙鏡涓・劉亦恩・魏美玲・魏琬琍

36 王巧惠・王秀蘭・吳欣儒・林　瑋・馬翊航・陳克華・湯芝萱・鄭瑜雯・魏綵玶

主持人：朱國珍小姐

11：00～11：20	致詞・主辦單位致歡迎詞・貴賓致詞	

10.24 二
臺大醫院國際會議中心
庭園會館 201宴會廳

11：20～11：50	節目表演 雙溪國小鑼鼓月琴隊〈飽滿如月〉 女記者作家協會歡唱團〈秋蟬〉、〈小白花〉、〈茉莉花〉 指揮兼伴奏：劉亦恩 第一部： 任　玉・李梅蘭・周嘉川・林少雯・林　芝・梁嘉木 楊　明・趙鏡涓・劉菊英・魏琬琍 第二部： 吳雪雪・李宗慈・梁美儀・歐陽元美・魏美玲 西湖國小歌仔戲團，〈白蛇傳之情定西湖〉
11：50～12：00	影片播放・作家關懷列車 墨人・蓉子・鍾肇政・趙天儀・張香華・黃騰輝・丹扉

九九重陽
文藝雅集

12：00～	餐會・與會來賓介紹
12：30～12：50	作家同樂・你的歌我來唱 湯芝萱—〈天光〉 馬翊航—〈再別康橋〉 宇文正、陳克華—〈淚的小雨〉、〈夜來香〉、〈奈何〉
13：00～	散會・領取紀念品
13：00～14：00	會後會・搭乘接駁車前往紀州庵參加「旗袍一族」特展

△十一月二日　何必在台灣選爛蘋果！

在北大讀博士的張立齊申請加入共產黨，他表示台灣政治黨派全是爛蘋果。我看也是，台灣兩大黨，獨派由一個妓女當大頭目，大搞「去中國化」，是民族敗類。而統派的國民黨，吳敦義似乎也搞「獨台」，是沒有希望的。最後結果都是招來武統，中華民族復興、中國已然崛起，這一切就靠共產黨了。我為此，也身為中國人而感到無比驕傲，我一向的態度是「我是中國，中國是我」！

在北京大學念博士班的台生張立齊，繼王裕慶後也公開宣布要加入中共。（摘自華廣網）

中國时報2017.11.2. A10版.

△十一月四日　逮捕分裂國家者、叛國者

李老蕃癲、蔡女頭目、賴匪……這些分裂族群者、分裂國家者、叛國者、背叛祖宗者，遲早要面臨相同命運。中國遲早也會發出逮捕令。小小一個西班牙都能下這個殺手令，中國怎會不敢？時機未到吧！隨著中國的強大，民族主義覺醒，中國要完成統一，美國或國際能奈何？從西班牙情勢看，歐盟與國際都反對分裂主義者。

△十一月十日 看來美國真的快不行了

看來美國真的很虛，快不行，狂人總統率文武百官到中國，「求」中國幫忙平衡貿易逆差。因為中國人賺走太多太多美國錢，而老美賺不到中國人的錢。

這叫人疑惑，資本主義是「賺錢機器」，怎麼被社會主義中國打敗了。各國媒體都在評論「習川會」，都說「美國輸了」，而「中國贏了」。我看亦是，特別是習近平主席安排在「故宮」接待川普，這裡是康熙皇帝接待「朝貢」國的地方，川普是來朝貢的。

前加泰內閣8羈押 前主席接逮捕令

【本報綜合外電報導】西班牙加泰隆尼亞自治區獨立遭阻後，西班牙法院周四傳喚加泰隆尼亞多名前官員進行初步偵訊後，包括前副主席在內等八人過後被羈押。他們面對煽動叛亂、濫用公款等指控，一旦罪成可被判入獄三十年。法院據報已對滯留比利時未歸的前主席普伊格蒙特，發出全歐逮捕令。

普伊格蒙特的律師證實，普伊格蒙特與另外四名前加泰隆尼亞高官都已經收到逮捕令。普伊格蒙特的律師貝卡特，早預計西班牙法院之後將向比利時提出引渡要求，若比利時當局批准引渡，普伊格蒙特將提出上訴。

西班牙法院論令羈押遭革職的加泰隆尼亞前高官的決定引起公憤，巴塞隆納市長科洛以「黑暗一天」形容有關決定，前自治政府主席馬斯也表示，法官的決定只會火上加油。

從電視畫面可見，多輛警車分別載送多名加泰前部長前往不同監獄，不滿法院決定的民眾湧上街頭抗議。警方估計，約有兩萬人走上街頭。

普伊格蒙特透過加泰隆尼亞地方電視台發表簡短的電視演說，要求「放過加泰隆尼亞合法的政府」，普伊格蒙特形容法官的決定是個「大錯誤」，又表示這「已經不只是西班牙內政了」，國際社會特別是歐洲必須意識到其危險性。

群眾二日在西班牙加泰隆尼亞議會外示威，抗議法官裁准羈押加泰隆尼亞被解散政府的多名高官，標語寫著「釋放政治犯」。 圖／美聯社

人间福報.2017.11.4.A4.

但我只喜歡兩位第一夫人，彭麗媛和梅蘭妮亞，她們都在欣賞我的「福」字。

△十一月十五日　星期三　革命再起、推翻台獨政權

這幾天革命再起，老兵走上街頭，號召推翻台獨政權，推翻蔡政權。

二十四日，兩岸新聞交流三十年，第三屆媒體人在北京開會，國台辦主任張志軍報告對台工作，概括為「六個一」：㈠一個根本目標：解決台灣問題，實現完全統一；㈡一條基本方針：繼續堅持和平統一、一國兩制方針；㈢一項主要任務：推動兩岸關係和平發展，推進和平統一進程；㈣一項基本原則：一個中國原則；㈤一條清晰的紅線：堅決維護國家主權與領土完整，決不允許國家分裂的歷史悲劇重演；㈥一個重要理念：秉持兩岸一家親理念，尊重台灣現有社會制度和台灣同胞生活方式，

中國大陸第一夫人彭麗媛（右）昨天陪伴美國第一夫人梅蘭妮亞，參觀北京史家小學並欣賞學生書寫的福字。　圖／法新社

願意率先同台灣同胞分享大陸發展機遇。若能積極按習近平「六個任何」和張志軍「六個一」推動，以中國現在的國力，不出十年就完成統一。就看整個中國民心有多強烈的企圖！

△十一月除了這件大事，還有什麼可記？

日子在平靜中一天天過了，寫作還是每天重要功課，本月初寫完《大陸鄉土詩人金土研究》，開筆寫《揚子江詩刊》作品研究，也寫了一百多頁了。

二十六號的報紙有天大新聞，達賴說不搞分裂國家，不搞西藏獨立了，只想回老家落葉歸根吧！

老先生想通了，但他一輩子搞分裂祖國罪狀，恐怕不是他一句話就算了。接下來他應該要運用他的影響力，告訴那些還在搞疆獨、藏獨、台獨、港獨的迷途羊羔們，回頭吧！別白做工了！浪費自己生命很不值得，搞清楚自己是中國人，再掙扎就得精神分裂！痛苦啊！搞下去，苦海無邊！

達賴：不尋求獨立 盼回故土
中國時報 2017.11.26. A10 老先生想通了

△十二月五日　星期二　俊歌主持台大退聯會會員大會

一年一度，台灣大學退休人員聯誼會會員大會，今天上午在校本部第一會議室舉行，到有會員約一百五十人。許多老友一年一見，場面溫馨。

今年也是俊歌當理事長的第一次大會，他表現很好，很有親和力，大會圓滿成功。有他接班，我放心，大家歡喜。

△十一、十二月時間全用在《揚子江》和《海上》兩詩刊

這兩個月的時間，除了一些零星雜務吃喝，全用在研究《揚子江》詩刊和《海上詩刊》作品，計畫完成兩本書，進度都如期完成。

△十二月二十一日　台大秘書室志工會餐

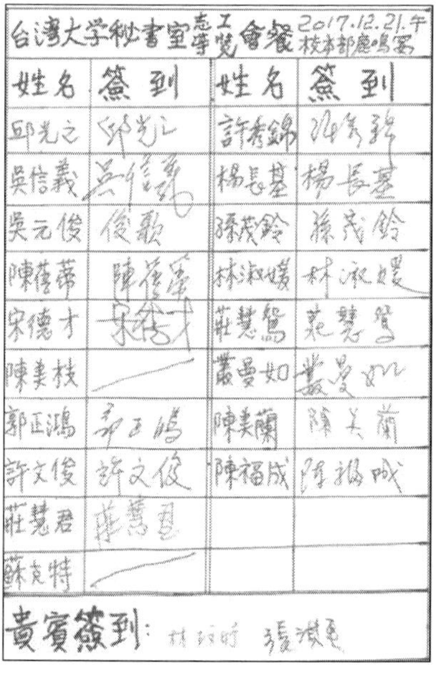

台灣大学秘書室志工導覽會餐　2017.12.21.午　校本部鹿鳴宴

姓名	簽到	姓名	簽到
邱光之	邱光之	許秀錦	許秀錦
吳信義	吳信義	楊長基	楊長基
吳元俊	俊歌	孫茂鈴	孫茂鈴
陳蓓蒂	陳蓓蒂	林淑媛	林淑媛
宋德才	宋德才	莊慧鶯	莊慧鶯
陳美枝		叢曼如	叢曼如
郭正鴻	郭正鴻	陳美蘭	陳美蘭
許文俊	許文俊	陳福成	陳福成
莊慧君	莊慧君		
蘇克特			

貴賓簽到：[illegible]

△十二月二十八日　台大值班　孫運璿給兒女的備忘錄

今天在台大聯合服務中心值班，暇豫翻閱閒書，看到一本《台大一九六五年畢業同學回憶錄》，其中有一篇短文〈前行政院長孫運璿給兒女的備忘錄〉，甚發人深思。上一代（含我這代）較易受教，現在的孩子們普遍不受教，但可給自己勉勵，節錄如下：

㈠對你不好的人別管他，在你一生中，沒有人有義務要對你好，除了父母。倒是小心對你好的人，世人做事總會有原因的。

㈡世上沒有東西是必須永遠擁有的，一切都會失去，要看透這點。愛不要太執著，失去也不要太傷心。

㈢長大了，一切要自己負責，所有的「作為」，都會有「後果」，好壞都得自己承擔。

㈣人只能自我要求做好，不能要求別人做到怎樣好。你怎樣待人，不表示人家也要怎樣待你，看不透這點，人生會有很多煩惱。

㈤親人只有這一世，愛或不愛，來世都不會再見。

回顧這一年或往昔所發生的事，還有已經進行很多年沒有停止的「工作」，必然有很多人際關係，好像就如這備忘錄，其中有佛法的觀念。要領會這些道理，才會活得快樂，都六十六歲了，許多事真要看透，這是二〇一七年結束前最有價值的「金言」。

△今年共有九本書出版。

民國一〇七年（二〇一八）六十七歲

努力解決人口問題

他們很努力解決人口問題
手中抱著大獎
我也抱一個
重量比李白杜甫的詩重

一個個沉甸甸的
散發詩的芳香
他們未來會沿著祖靈的方向
為中華民族爭光

人類的前途在這裡

別小看這裡
我們抱著人類未來的前途
台灣、大陸、世界
他們會闖出何樣的江山

科學家憂心人類會消失
大家看看這裡
就放心了
大家放心，我也放下

△元月一日　星期一

台灣仍被一群土匪綁架，說活該也是，大家自己腦袋不清醒，這麼容易被洗腦，選出一個妓女出身的領導，好幹所有人民，共業！

我還是寫作，我寫故我在！

△元月九日　星期二　退聯會餐敍

台大退聯會理監事、理事長、歷任理事長，中午在尊賢會館餐敍。

△元月十二日　星期五　教聯會餐敍

台大教聯會中午在「筷子」會餐，吃吃喝喝！

△元月十五日　逸仙學會大會　餐敍

官俊榮教授新任會長，有想法有幹勁，不知能否推動會務？我不很樂觀。因為統派失去了革命精神，就一切都完了！

△元月十六日　星期二　44期同學小圈圈會餐

這個陸官44期的小圈圈，十六年來，每年三次餐敍，從未停過。今天中午改在台大鹿鳴宴，到有：虞義輝、林鐵基、解定國、盧志德、高立興、童榮南、陳方烈、李台新、郭龍春和我。

△元月二十二日　星期一　綠營土匪鬥台大校長

管中閔當選台大校長，他被綠營土匪定位為「統派」，因此連續幾週來鬥爭他、抹黑他，說他這不法那不法。問題是選前為何不說？選後拼命鬥！好可怕的一群土匪！台灣的劫數！

△元月二十五日　星期四　志工大會　總結志工成績

秘書室志工大會，全天，所有志工約五十多人，平時難得一見。總結多年來志工記錄，影印如後。

	服務項目	服務內容	服務日期	服務時數	服務運用單位	登錄人簽章
陳福成	校園諮詢服務	聯合服務中心值班	104.01.01~104.12.31	63.5	臺大秘書室訪客中心	[illegible]
陳福成		志工期初大會	104.01.23	6	國立臺灣大學	國立臺灣大學
		諮詢服務英文課程	104.05.27	2	國立臺灣大學	國立臺灣大學
		志工期中大會	104.09.01	5	國立臺灣大學	國立臺灣大學
陳福成	校園服務	聯合服務中心值班	105.01.01~105.12.31	78.5	臺大秘書室訪客中心	[illegible]
陳福成		志工期初大會	105.01.13	5.5	國立臺灣大學	[illegible]

	服務項目	服務內容	服務日期	服務時數	服務運用單位	登錄人簽章
陳福成	校園服務	聯合服務中心值班	106.01.01~106.12.31	77	臺大秘書室訪客中心	[illegible]
陳福成		志工期初大會	106.01.16	5	國立臺灣大學	[illegible]
		志工期中大會	106.09.01	4	國立臺灣大學	[illegible]
		校園植物知識培訓	106.04.10	1	國立臺灣大學	[illegible]
		校園植物知識培訓	106.12.04	2	國立臺灣大學	[illegible]

	服務項目	服務內容	服務日期	服務時數	服務運用單位	登錄人簽章
服	值勤	聯合服務中心	96.01.01~96.12.31	6	臺大秘書室訪客中心	
	導覽解說	臺大校園導覽解說	97.01.01~98.12.31	69.5	臺大秘書室訪客中心	
陳福成	校園服務	聯合服務中心值班	101.01.01~101.12.31	62	臺大秘書室訪客中心	[illegible]
陳福成		志工進階培訓	101.08.31~101.09.01	11	國立臺灣大學	[illegible]
陳福成	校園服務	聯合服務中心值班	102.01.01~102.12.31	62	臺大秘書室訪客中心	[illegible]
陳福成		志工大會	102.01.11	6	國立臺灣大學	[illegible]
		志工特殊培訓(校內參觀)	102.07.26	2	國立臺灣大學	[illegible]
陳福成	校園服務	聯合服務中心值班	103.01.01~103.12.31	77	臺大秘書室訪客中心	[illegible]
陳福成		志工大會	103.01.24	5	國立臺灣大學	[illegible]
		志工進階培訓	103.08.21、08.29	10	國立臺灣大學	[illegible]

△二月四日　星期天　參加公教軍警退休人員會

上午到國軍英雄館參加「公教軍警退休人員聯合會」，不少藍營人馬來致詞，很熱鬧，數百人參加，頂多把蔡罵一頓，距離可以推翻「台獨政權」，尚難以形成這種力量。

△元月到二月　台獨偽政權全力鬥爭管中閔

這幾十天來，每天最熱門的新聞，就是蔡領導的「台獨政權」惡勢力，動員全部資源鬥爭當選台大校長的管中閔，牠們把管歸為「統派」，可怕的邪惡勢力，最終的結果是搞垮台灣，加速中國完成統一使命。這是中國史的必然，分久必合。

當蔡英文政府一連串私心自負、剛愎自用、濫用職權 、 侵犯剝奪人民的自由權、生命權、財產權的時候，顯然說明了政府企圖將人民壓迫於專制暴政之下，那麼人民就有權利跟責任加以推翻，(以陳抗、針砭乱政、最終以選票唾棄)這樣的政府，並為人民的未來組織新的團隊加以安全保障，這是我們的誓言。

蔡英文政府這種殘忍與背信棄義的行為，從前年 520 就職開始一連串的野蠻行徑與作為，就連第三世界的新興國家都難以相比。有人說，蔡英文政府正在走向「法西斯主義」復辟，一点也不為過。

在這些高壓政策的每一階段過程中，(例如：年金改革，一例一休，一事不二議，黨產條例，轉型正義等等)，我們都是用最謙卑的態度與言辭來表達我們的心声；但一次又一次的請求，得到的答案是一次又一次的傷害。

蔡英文作為國家領袖，當她的品格已經留下種種暴君行為的註記時，蔡英文「德不配位」，已經不配做一個自由民主國家的統治者。

我們曾經呼籲蔡英文政府必須心存寬厚的心胸以及追求凜然的正義感，我們懇求他們念在同樣的血親血緣份上，停止惡鬥，這些鬥爭的行為勢必會中断我們彼此間的良善關係及和睦相處。

看來蔡英文政府的鬥爭毫無底線，一連串的「去中國化」，一旦把中華民國鬥垮，恐怕是台灣 2300 萬同胞全民蒙難之日！

蔡英文政府所作所為是一部屢次造成傷害與掠奪的歷史紀錄，其直接的目標就是要在我們國家的民主體制當中建立專制的暴政，而今，國家處於內憂外患的種種險境中，我們將扭轉乾坤，讓藍天再現，讓人民喜樂。

△二月十五日　除夕　全年全家唯一的團圓晚餐

兒子回來除夕晚餐，一年一次，照老祖宗規矩，給三個孩子每人二千元壓歲紅包。兒子給我和太太，每人三萬元，孩子願意給，多少也是安慰。

△春節放假　加速完成《范蠡致富研究》

每天上午如平常，和太太走新店溪河岸二小時，其他時間都寫作，《范蠡致富研究》快完稿了。

台獨鬥台大管中閔，春節無休，照鬥！

△二月二十二日　參加台大新春團拜　四校長批蔡女

新春團拜從未有四個前校長全到，這次全到了。

陳維昭校長：這是國家的悲哀、人民的不幸。

孫　震校長：蔡同學，到底要把台大搞成怎樣？

李嗣涔校長：教育部玩法弄權。

楊泮池校長：危機就是轉機，希望趕快雨過天晴。

△二月二十四日　星期六　紀州庵參加余光中紀念

下午到紀州庵參加大詩人余光中紀念會，文壇大咖到有向明、管管、陳芳明、李瑞騰、白靈等近百人。大咖都致詞，我只對陳芳明很質疑，他說受余光中影響大。但余光中是宣揚中華文化者，而陳芳明是台獨份子，矛盾太大了，真是騙死人不償命！

開幕式流程

時間	內容
1400-1405	主持人汪其楣開場
1405-1425	余光中紀念影片放映
1425-1430	**致詞** 文化局長鍾永豐致詞 文訊雜誌社社長封德屏致詞
1430-1450	**余光中文學成就短評** 余光中之於台灣文學史——陳芳明 出版界的閃亮作者余光中——李瑞騰 翻譯家的余光中——單德興 台灣詩學裡的余光中（詩歌）——白靈
1450-1505	**滴答踢踏：雨中的廈門街**——北一女、建中學生朗讀 屐雨綿綿〈舊木屐〉 余光中的雨：冷雨，人語〈聽聽那冷雨〉 巷，家〈廈門街的巷子〉
1505-1525	**我們記憶裡的余光中** 詩社裡閃亮的藍星——向明 中華民國筆會與余光中——黃碧端 編輯眼裡的余光中——陳素芳 為人師表的余光中——張錦忠
1525-1535	**野火樂集演唱** 〈民歌手〉、〈江湖上〉演唱——陳永龍．李德筠
1535-1545	余光中夫人范我存女士、女兒余幼珊教授致詞
1545-	古蹟文學廊道開幕茶會＋自由參觀

開幕式手冊

△二月二十五日　一生做成一件事，就很了不起

很多年前，我聽一個表演藝術家說，「一生只要做好一件事就可以。」我深悟其意，覺得值得學習、實踐，做為自己的人生指針。

此後，我就決定這輩子只要把「寫作」做好，寫作成為我的生活重心。我寫故我存在，不寫就感覺生活很空洞，好像不存在的樣子。

今天的報紙又看到演《西遊記》美猴王的章金萊，他也說：「一生做成一件事，就很了不起。」

△二月二十六─二十八日　台中行

回台中看兩個妹妹，現在共有七個小寶貝叫我「舅公」，五個月到小六，兩個妹妹都算功德圓滿。

△三月，開始計畫寫《文化出版人彭正雄回憶錄》《華文現代詩點將錄》共九家，八家已完成，

彭正雄最慢，他的東西也最零散，又欠現成文本，困難較多，要發揮一些想像力。

△三月八、九日，高閩生和沙依仁告別式

這兩天先後在二殯參加兩個朋友的告別式。高閩生，我當台灣大學退休人員聯誼會理事長（第九、十兩任），高閩生也是兩任監事。讓人很意外，他身體很好很壯，才六十五歲，竟然癌症走了，辦公室同仁真是嚇到了。感慨人生無常，大家去送他一程。

沙依仁教授，台大退聯會第五、六任理事長，她九十歲，睡夢中安祥走了，福壽雙全。

△三月十二日　原訂台大演講，取消

原訂今晚在台大農業綜合館演溝，主題「統派經營中國統一事業的大戰略芻議」，主辦的「台大逸仙學會」上週一公佈，立刻有獨派鼓動學生要來鬧場。官俊榮會長顧及校園安全，不要引發另一場校園流血事件，和我商議臨時停辦，我的大綱如下：

統派統一中國統一事業的大戰略[illegible]

壹、統派手中的倚天劍和屠龍刀

一、統一理念得到世界公開、合法支持．

二、五千年文化的加持．

三、終統是歷史的必然．

四、至少有十四億中國人支持．

五、台灣地區民間眾神都是統派．

媽祖、關帝、保生大帝……

貳．獨派思想是必死之癌

一、得不到世界公開、合法支持

二、「去中國化」的結果回到「石器時代」．

三、注定滅亡、必死．

四、孤立無援的種族主義者

五、全台眾神不許

參、統獨斗爭的本質

一、是敵我關係．

二、恒久的斗爭告持久戰

三、統派和中共、全体中國人是一家親．

四、敵我關係只有消滅对方，沒有幻想．

△三月十八日　瑞士歐洲大學演講〈范蠡致富學習〉

大人物管理顧問公司這兩天辦理研習論壇，這也是「二〇一八年瑞士歐洲大學年會」，兩天論壇主題：〈家業承傳、轉型與超越〉。兩天課表如後，我的演講排在第二天下午兩點到三點二十分，共八十分鐘。

我的講題是〈范蠡兵法與現代商戰應用〉，配合學生性質，我少講兵法，多講范蠡怎樣經商發財？

內容調整到「范蠡致富研究與學習」，有以下各子題：㈠認識范蠡和他的人生導師計然。㈡范蠡致富的六個先決條件。㈢「鴟夷子皮」和「陶朱公」商號品牌經營實況。㈣范蠡的經營法則學習。㈤道商范蠡論「道商」。

△三月二十日　台大理監會　吳瓊恩教授演講

上午台大退聯會理監事會，會前一小時請政大教授吳瓊恩演講，主題〈中國崛起與兩岸關係未來〉。休息時大家合影留念，左起：筆者、俊歌、郭文夫、路統信、吳瓊恩、吳信義。

中午大家難得相聚，就在台大鹿鳴宴餐敘，閒聊喝點小酒。哲學系教授郭文夫說下回他請客，我說：「好，不會讓你變黃牛！」

2018 年瑞士歐大(EU)年會暨春酒宴

大會主題：家業承傳、轉型與超越

總策劃：范揚松博士　執行長：曾詩文小姐　　2018.2.6 修改

主題／時間	3/17（六）家業承傳、轉型與超越論壇	3/18（日）范蠡商聖學院暨春酒宴
09:00 ｜ 09:30	報到領取資料與開幕儀式 致歡迎詞：EU 校友會蘇文龍會長（台灣尖端先進、台灣聯盟董事長）	兩岸交流及 2017 年年會回顧與成果分享 開幕致辭：范揚盛前立法委員（大紐約客家同鄉會創會會長）
09:30 ｜ 12:30	第一場：9：30～11：00 主題：家族企業與領導力 主講人：張光正校長（中原大學校長、紐約州立大學大氣科學博士、企管碩士、曾任財團法人商業發展研究院院長、實踐大學校長）	第七場：9：30～11：00 主題：家族企業承傳與挑戰 主講人：許士軍教授（前台大管理學院院長、政大企研所所長、新加坡大學 MBA 教授、高雄銀行董事長、管科會理事長、高等教育評鑑中心理事長、現任元智大學講座教授、管理著作十餘冊）
	第二場：11：10～12：30 主題：家企交接班與財富轉移 主講人 1：范揚松教授（企管博士、大人物知識管理集團董事長、瑞士歐洲大學教授、台三線委員） 主講人 2：蔡穗玲董事長（台科大 EMBA 博士研究、專業律師、台灣光智新基金會董事長、好孝果社會企業董事，結合小農，提供就業及永農家回饋）	第八場：11：10～12：30 主題：范蠡經營模式與社會責任實踐 主講人 1：范揚松教授（企管博士、大人物知識管理集團董事長、瑞士歐洲大學教授、台三線委員） 主講人 2：范揚晧教授（教育管理博士、慈濟大學總務長、專研人力資源、合著《醫院管理專題：策略性的績效考核管理實務》）
12:30-14:00	午　　餐	午　　餐
14:00 ｜ 17:50	第三場：14：00～14：50 主題：永信製藥如何成功邁向國際化 主講人：李芳全董事長（永信控股董事長、交大科技法律碩士、東海企管碩士）	第九場：14：00～15：20 主題：范蠡兵法與現代商戰應用 主講人：陳福成教授（碩士、台大退休教職員協會理事長、空中大學教授、發行軍事、政治、詩、小說 150 冊著作、曾獲文復會孫子兵法研究總統獎）
	第四場：15：00～15：50 主題：如何從傳產轉型高科技企業 主講人：白文亮副董事長（中國砂輪公司副董事長、美國休倫大學企管博士、新北市工業會理事長、專攻資訊系統建置與應用管理）	第十場：15：30～16：50 主題：商聖范蠡成為財神 8 大理由 主講人：范光旺董事長（碩士、丹丹傳播協會理事長、輔大宗教系中華道教學院教授、台德企業公司董事長）
	第五場：16：00～16：50 主題：接班模式與跨國佈局！ 主講人：黃冠華執行董事（總榮集團執行董事、愛丁堡大學訓練與發展管理所、台大政大雙 EMBA、台經院台商接班傳承獎、2017 年中國優秀紡織青年企業家得主）	第十一場：17：00～17：50 主題：2017 年最佳 DBA 論文成果發表 1. 吳江林：東亞區域經濟整合趨勢及其對國際經濟發展的影響研究 2. 曾詩文：SI 職能鑑診系統商品化與行銷策略之研究
	第六場：17：00～17：50 主題：傳統產業如何升級創新 主講人：黃錦雲總經理（大井泵浦總經理、瑞士歐洲大學企管碩博士、以家族企業研究獲最佳論文獎）	第十二場：EU 校友嘉賓春酒歡樂暨頒獎 1. 頒發最佳論文獎、最佳教學獎及服務獎 2. 春酒交流！全體校友、長官嘉賓、社會賢達… 地點：祥福樓（台北市南京東路四段 58 號 2 樓） 電話：(02) 2579-8021 孫春蘭副總，0922945595 湯小姐
18:00 ｜	兩岸三地企業家各自交流 歡遊台北城，品味台灣情	

連絡人：湯詩維 02-29353999#20　　※主辦單位有變更講師及課題之權利

△三月二十八日　中國全民民主統一會　會員大會演講

下午「全統會」會員大會，下午三點到晚上時間在天成飯店召開，由會長吳信義主持。全省各地到約百人參加，晚餐席開十多桌。

會中信義學長叫我做個簡單報告，對「八百壯士」表示支持，我擬的稿如附印。

國立臺灣大學退休人員聯誼會用箋

支持「八百壯士」奮戰到底
—兼論統派經營中國統一事業大戰略芻議

壹、統派手中的倚天劍和屠龍刀：不要只用切菜、切水果
①統一理念得到全世界公開合法支持。②五千年文化加持。③中國歷史的必然。④十億中國人支持。⑤台灣地區人民信仰眾神全是統派的，媽祖、關帝、保生大帝……

貳、獨派是必死之癌、邪惡之魔
①永遠得不到世界公開合法支持。②「去中國化」回到不為時代。③必定必死。④孤立的種族主義者。⑤眾神不許。

參、統獨斗爭本質：兩岸中國人團結消滅台獨。
①敵我關係。②恆久的斗爭要持久戰。③統派和全体中國人、大陸海內外中國人、中共是同盟關係

小結：支持國軍使命、支持八百壯士、完成中國統一

邪不勝正，光明終必戰勝黑暗，邪惡必亡。

△三月二十九日　一群老傢伙談長壽

幾個老傢伙聊天談長壽養生，其中一個出示手機上「十二長壽之道」：糊裡糊塗、自然入睡、腹中食少、心中事少、浪漫樂觀、饒人百忍、老來瘦好、心胸寬大、凡事自然、知足常樂、少思寡欲、腰帶較短。這些都當然是。

但我依然認為長壽和基因有關，應該也和「業」有直接關係。一個八十五歲的老者告訴我：「你現在以八十五歲為目標。」我答：「我不設這種目標。」

這個目標由天（基因、業）去決定，我只想把握今天，把今天過好，

想做的事完成了，這便是目標。

△四月一日 星期日 暇豫讀葉莎 賞《七月》詩集

葉莎的詩不僅清新，在現代詩壇的「區隔性」很高，兩年前針對她的詩集《人間》，我深入賞析，寫了《葉莎現代詩欣賞：靈山一朵花的美感》。喜歡她的詩，對她的世俗生活面，則一無所知。近日閒暇翻翻她的另一本口袋型小詩集《七月》（登小樓藝文工作坊出版，二〇一七年十一月），讀到〈後記〉，讓我略知她的另一面（婚姻生活），更敬佩她直白的勇氣。後記中有一段話，「一直以為婚姻於我是一個束縛也是一個破洞……我們很少談心，但偶爾摩擦……我愛的他都不愛，他愛的我也不愛……」

我看到世間婚姻的普遍性現象，大約又回到那句老話，「婚姻是愛情的墳墓」。她先生已因癌去世，現在她「常勸朋友要抱著無盡的包容和愛對待家人，原因是有一天要訣別，再也無法相見和說話，所以要珍惜此刻。」

《七月》詩集，是她照顧先生離開人間的那個月，很多作品在反思三十六年的婚姻生活。這類題材，有史以來的女詩人不敢寫，不願寫！還題「七月」之名，勇氣可嘉！

△四月九日　星期一　台灣文壇兩個偉人：羅門和彭正雄

《華文現代詩》點將錄第九本，研究的內容是「彭正雄回憶錄和文史哲出版社發展史」。詳細的統理彭正雄一輩子事蹟，發現他是台灣文壇第二個被以「偉大」讚美的人。

第一個是詩人羅門，民國五十八年（一九六九），羅門和蓉子是「中國五人代表團」詩人，出席菲律賓馬尼拉召開的第一屆世界詩人大會。大會主席尤遜（Dr. yuzon）讚說：羅門的〈麥堅利堡〉詩是近代的偉大作品。

第二個偉大是彭正雄。一九八八年七月，大陸著名學者寫信給彭正雄，讚說：對發揚中國固有文化作出偉大貢獻。

讚美作品或所做的事偉大，並未直接稱人偉大，也可算是人的偉大了。以上是日常寫作過程中，碰到的一些趣事，能讓人覺得偉大，定是一輩子努力精進才有的成果。台灣出版界大師級何其多！只有彭正雄被稱偉大；天王天后級詩人何其多！只有羅門享偉大之名！

△四月中旬　再讀葉莎的詩　〈雨夜訣別〉

最近好奇也想多了解葉莎的感情世界，隨興翻翻她的兩本詩集，〈七月〉和〈陌鹿相逢〉，感慨這世界的愛為何總難以圓滿？葉莎是很有靈性的女子，若能有個也很有靈性的男人，世間多美好！賞讀〈雨夜訣別〉一詩。

為亡夫更衣
拔去點滴剝掉膠帶痕跡
讓瘦瘦的手臂伸進來
過大的袖子穿過去

你依然安靜
彷彿生前穿越一個尋常巷子
風從另一端撲過來
彼此聞到某種花香吧
會意的淡淡笑著

藍色適合靜默的人
細細的條紋襯衫
寫滿了這生的路

起點時未知
終點時茫然
而一路晴雨不定的天氣
誰也記不清楚

唯我深記
選擇在夜裡訣別的亡靈
屬雨

書前的推薦序裡，秀實的解析很得體，胡爾泰的解說則離題了，可見學院派詩人懂點詩，卻不懂世情。我看這一年多來，葉莎在詩壇玩得不亦樂乎！人生快樂就好！盡可能放下、看開！男人走了！她得以解放，詩看得出來！

△四月十九日　星期四　送鍾鼎文一程

台大教官退休，在退聯會當總務組長，和一位詩壇大老同名同姓的鍾鼎文走了，九十七歲，福壽雙全，天命就好。他生前平時不喝水、不吃水果，只是作息正常，並無特別養生之道，能達近百歲，無病而終。

一群台大老友在二殯送他一程，祝他好走！人間不要再來了！

△四月二十二日　星期日　和台大登山隊走烘爐地

南勢角捷運站集合，上午八時已聚有近百人。從華夏技術學院後山登山口上山，走到烘爐地（南山福德宮），有一點小難度，年紀太大不適合。宣總（宣家驊將軍）八十七歲，走在我前頭！他身體真好！

△四月二十八日　星期六　同學兒子的婚禮

同學的兒子結婚了，參加婚宴會碰到一些半個世紀未見面的同學，名字都叫不出來，外形也變了。「福心會」只碰到袁國台，台中來的路復國，台南來的趙朝庭，其他都覺得陌生，打個招呼！問個好！

辦兒女婚宴，等於是自己一輩子人際關係的「結算」，你這輩子有多少人情關係？都會顯示在婚宴上。說到我自己的人際關係，二十年來，我刻意簡化，只保留真心真情，物以類聚的好友！餘略！

△四月三十日　星期一　從「卡管」到「拔管」

邪惡的台獨政權，那一群土匪，卡管到拔管，已經搞了幾個月，全台不安寧，台灣人真是自做自受。「自己造業自己擔」，禍及台大。

△五月一日　星期二　世界無常

世界無常，才幾個月前，大家擔心美國真要打北韓，到四月的「文金會」，竟出現他們要拿和平獎了！

我看事情沒那麼容易，美國「養」著南韓，中國「養」著北韓，都是為了看門。這是小國的悲哀，地球有史以來，強權或大國說了算數。

【時事】終於合體完成了！！
北正恩
東普丁
中近平
西川普
南特蒂

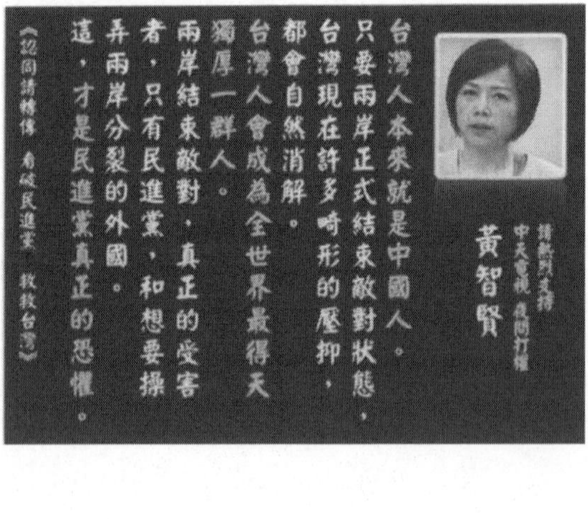
請熱烈支持
中天電視 夜問打權
黃智賢
台灣人本來就是中國人。
只要兩岸正式結束敵對狀態，
台灣現在許多畸形的壓抑，
都會自然消解。
台灣人會成為全世界最得天
獨厚一群人。
兩岸結束敵對，真正的受害
者，只有民進黨，和想要操
弄兩岸分裂的外國。
這，才是民進黨真正的恐懼。
《認同請轉傳　看破民進黨　救救台灣》

△五月七日 星期一 台灣人本來就是中國人

台灣人本來就是中國人，如同四川人、山東人……中國各省人都是中國人，這是很自然的事，我們中華民族就是炎黃子孫，本來也不是問題。

經過二十多年的政治操作（宣傳、洗腦等），很多人變了，不承認自己是中國人，血緣關係也否定了！可見得政治的可怕！

△五月十三日 星期日 和台大登山隊走白鷺鷥登山步道

近百人參加。白鷺鷥山，也叫十四份陂山，海拔一四二公尺，就在大湖公園旁，不難走的步道，七八十歲的老人也能走。上午八時，從捷運大湖公園站2號出口向右走，過了大湖蜿蜒繞行上山，沿途樹多空氣好，山頂俯瞰大湖，風景很美。

△五月十四日 星期一 陸官44期小圈圈同學會

這小圈圈同學會每年三次，最近幾回選在台大鹿鳴宴。今天到有：高立興、桑鴻文、解定國、金克強、余嘉聲、盧志德、張哲豪、袁國台、黃國彥、侯光遠和我。正好包廂一桌。

△五月十六日 星期三 喝咖啡聊是非驚聞某人得兩癌症

一人得一癌已是不得了事，何況同時得兩癌，可謂千載難逢，嚇壞了大家。若是年老也就算了，怎麼年紀輕輕，不煙不酒，生活正常，同時得兩個癌，嚇死人了，「好人不長命」！

下午二時，幾個老友相約在台大校園醉月湖畔咖啡亭聊天。提到某某職員六十歲不到，突然得兩個癌，幾乎判了死刑，說得大家心驚肉跳。我不敢說自己不驚恐，從佛教徒的理念解釋，生命是隨「業」流轉的，這一世的生命長短，業力已經決定了。有了這個信念，對生死至少可以「比較放下」，反正隨「業」流轉，管他是生是死！

△五月十八日　星期五　華國緣事

「華國緣」是一群老人家的聚會，每年四次，排班輪值當召集人，成員有：吳信義、彭正雄、蘭觀生、陳淑貞、廖振卿、葉春暉、趙叔鑑、林素銀、馬鳳芝、蔡享民、關麗蘇、楊長基、陳美枝、周談輝、吳元俊和我。共十六人。

近因有人「背後閒話」弄不愉快，因此聚會暫停。我、信義、俊歌和老楊四人是原始發起人，也是不能散的骨幹。今天中午約在華國飯店午餐，另有彭正雄和林素銀參加，共六人，商討未來再辦方式。

△五月二十四日　星期四　大人物餐敘為方飛白餞行

方飛白要去柬埔寨打天下，十多好友在范揚松「地下賓館」為他餞行，有開玩笑說「他到底去打天下，還是被天下打」？大家笑翻了。范揚松常約一群朋友喝酒談詩，我住家最近，參加次數最多。

△五月三十一日　星期四　秘書室值班

今天值班，學期末校園人少，事也少，新加入的志工余慧貞來見習，和她在聯合服務中心聊了兩小時。這兩年擔任志工隊隊長，志工事不多，人很輕閒。

△六月四日　星期一　教官餐敘

革命大業只剩吃吃喝喝、打情罵俏。總教官李長嘯、吳普炎、王潤身、孫彭聲、鄭大平、陳國慶、吳信義、吳元俊、楊長基和我。另有「三枝花」，林俐華、林秀瑛、林素銀，每次「花的功能」都表現得近乎完美。難怪，這世上沒有花，還真不行！

△六月十一日　星期一　志工會餐

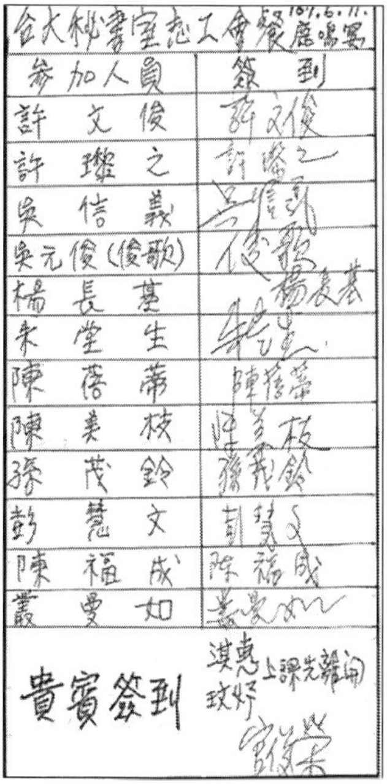
台大秘書室志工會餐 鹿鳴宴 107.6.11.

參加人員	簽到
許文俊	許文俊
許瓅之	許瓅之
吳信義	吳信義
吳元俊(俊歌)	俊歌
楊長基	楊長基
朱堂生	[illegible]
陳蓓蒂	陳蓓蒂
陳美枝	陳美枝
孫茂鈴	孫茂鈴
彭慧文	彭慧文
陳福成	陳福成
叢曼如	叢曼如
貴賓簽到	淇惠 玫好 上課先離開 [illegible]

△六月十五日　星期五　在這會議上遇見胡爾泰

今天在這個會議上碰到胡爾泰，幾年前在范揚松餐會上和他很不愉快，此後他沒有再來到大人物。他和大人物這群朋友也斷了，包含我。

今天不期而遇，我覺得都一把年紀了，有什麼是放不下的。《金剛經》說：「一切有為法，如夢幻泡影，如露亦如電，應作如是觀。」自己身為佛教徒，應有如是信念，應主動向人示好，化解曾經有過的「樑子」。於是我主動向他打招呼，他也客氣回禮。吃飯時，我先向他敬酒，笑問：「還有生悶氣嗎？」他答：「沒有！沒有」。聊了一下，不愉快應該是化解了，我也會找機會勸范揚松，化解放下！

今天也是自己的生日，無人知曉，忘了也好！

開會通知

謹訂於 107 年 6 月 15 日（星期五）上午十時假台北三軍軍官俱樂部祥瑞廳（台北市延平南路 142 號）舉辦本年度年會，並改選第十五屆理監事。同時舉辦本年度優秀青年詩人頒獎典禮。

敬請撥冗出席（如未克出席，請將年費壹仟元郵政劃撥本會，並請把委託書寄回）

中華民國新詩學會

理事長 綠蒂 敬啟

2018 年 6 月 1 日

※已提名先生為本屆理監事候選人，尚祈支持。

△六月十七日　星期日　中國人的父親節

晚上揚松約多位好友餐敘，慶祝詩人節（端午）和父親節。陳在和、吳明興、俊歌、莊鳳嬌、黃麗亭、劉富仁、趙老師、劉大姊等十多人，酒足飯飽，高談大論。

另，今天是中國人的父親節，大陸如是設計，為要和洋人節日有所切割，顯示中國人的信心回來了。應該要凝聚自己的民族文化，不要一味跟洋人走！包含聖誕節等要使其「式微」，或本土化（中國化）。

△六月十八日　星期一端午節　44期同學會譴責嚴德發部長同學

昨天（十七日）我44期同學會群組，發佈訊息。北區同學會理監事通過決議，公開譴責國防部長嚴德發同學，認為他作為有違身為「黃埔同學」之理念，該文輕描淡寫，未言重話。我則認為嚴同學不僅違背黃埔精神，而且已成「魔鬼代言人」。

△六月十九日　星期二　台大退聯會理監事會罵妓女土匪

今天是「台大退聯會理監事會」，我以退職理事長為名譽理事參加。前半段時間陳昌栴講〈傅斯年故事〉，後半段時間大家討論「退休金被妓女和土匪搶走」的應對辦法。

△六月二十二日　星期五　確定妓女和土匪搶走退休金

台灣現在被一個獨派人士統治，極盡搶錢之能事，以備「武統」時的逃亡費用，並在美國組成流亡政府之用。妓女土匪可惡之處尚有：

第一、出賣祖宗，不承認自己的中華民族血緣關係，否認自己的「中國人」身份，企圖讓台灣人「皇民化」成倭人！可惡！

第二、企圖依賴美國力量對抗大陸，這是民族敗類的行為，獨派都不如的行為。殊不知，急獨就是急統，緩獨亦緩統。

第三、美國已明顯走向孤立主義（類似門羅主義），美國勢力退出亞洲是遲早的事。這些妓女土匪竟看不出這個戰略高度，說來可惡又可憐！

△六月二十三日　星期六

台灣這個社會，經二十多年從教育系統進行洗腦，許多人變成背祖背宗、不仁不義的台獨傾向，使整個社會變質，人民奴化，寧願當一個美國日本奴才，也不當中國人。這個社會完了！沒救了！

△七月四日　星期三　兄弟三人越嶺農園品茗喝酒

俊歌約信義兄和我到木柵茶園賞景吃飯，這家叫「越嶺」的休閒農園，我已來過幾回了。好地方，藏在深山中。

我們邊吃、邊喝、邊聊，偶爾聽公雞叫，放眼看去，除山林外，沒有人煙，具有世外桃源的條件。

△七月六日　星期六　向妓女土匪寄出訴願書

我等一個正常人，向妓女土匪寄訴願書有用嗎？各退伍軍人團體叮嚀大家要寄，說有用。誰知道什麼用！

有幾位同學打電話來問，訴願書怎麼填？要不要雙掛號？甚至要不要寄等，我都不好有肯定答案。這也可見大家疑惑很多，心中抱怨不少！沒想到都快七十歲了，還被胡整！

有同學抱怨說，到了十八趴全都歸零了，那時錢連請個外勞看護都不夠，怎麼生活？難道要去跳海嗎？這死雞（難聽的三字不寫出來），她為什麼不出意外或天譴死掉？到處在詛咒牠！

台灣人怪大陸搞「窮台、困台」政策。其實台獨政權走的更是：窮台、困台、倒台、封台、圍台、裂台、絕台、淪台、斷台，最後死台。當然，死台就是統一，這是緩獨緩統、急獨急統的道理。

△七月十日　星期二　我們要這政府做什麼？

今天《人間福報》的頭版論壇，刊出羅瑩雪（兒童福利聯盟基金會董事長）的文章，題名〈我們要這政府做什麼〉。用詞算客氣，直白的說，文題應是〈大家起來推翻這個不法政權〉。

為什麼要推翻這個政權？又為何要廢除這個政府？羅瑩雪只講到枝節問題，如不顧人民死活、只有鬥爭沒有人性，仁義道德法律全政治化了。

根本問題在台獨是一條死路，「去中國化」後，台灣不論叫什麼！都是非法政權、地方割劇政權，是窮台困台死台的路，只有造成加速統一。

這話羅瑩雪不敢說，報紙不敢刊出！

蔡政府已經爛成這個樣子，但年底選舉統派也未必會贏，因為台灣幾乎是全民爛下去了，沒救了，只等王師來征，完成中國再統一，才是唯一救台灣的辦法。這一天，我會冷冷的看，靜靜的等，不會太久。

戰爭，洗淨這個漢奸之島。

△七月十三日　星期五　走了一批土匪，來的還是

這些都是爛貨，例如偽故宮院長陳其豬，牠的任務是將故宮「台灣化」，這多荒唐！故宮寶物全是中國的，有深厚的「中國意涵」，要如何「台灣化」。這是漢奸語言，台灣自從被倭人統治五十年，就只產漢奸，其他啥也沒有！

但韓國也被倭人統治過幾十年，從未聞有「韓奸」，且朝野一致團結對

抗倭人。而台灣那些獨派的豬，只想把台灣人搞成「倭寇」，中毒實在太深了，還是天生的賤骨頭！

△七月十六日　星期一　黨全代會

今天報紙刊出，民進黨的全代會，一群台獨份子領導者和官員能幹出什麼好事！

△七月二十六日　星期四　全球中國化

廿世紀是「全球美國化」的時代，有誰敢不聽話，航母大軍開過來，就滅了該國。由於世界美國化，很多人做著「美國夢」，但現在美國快不行了，因為中國起來了！看這簡報，我感到一陣爽！比環遊世界爽！

廿一世紀是中國人世紀開始了！從孫中山說後，經過百年努力，現在馬雲說「全球中國化」。我確信，中國如果一九四九年後都是「三民主義中國」，全球中國化是做不到的。但「中國式社會主義」辦得到，不出二十年，世界各國都會做「中國夢」。

美港澳航空 更改台灣標記

【本報台北訊】中國大陸要求各國航空公司改變其網站對台灣的標示，二十五日是最後期限，美國航空、達美航空、聯合航空三家航空公司已在最後期限前，更改其官網對台灣機場的標記名稱，僅標示台北或高雄等城市名，刪除「台灣」。另國泰、港龍、香港快運、香港航空、澳門航空等五家港澳籍航空公司網站也改名。

對此，陸委會表示，北京的做法已對兩岸及台港澳關係發展造成不利影響，更將加深國際社會對大陸的負面觀感。

美國國務院官員二十四日表示，強烈反對中方企圖迫使企業使用特定政治語言，並敦促各國就此問題向中方表達關切。

路透報導，大陸民航局今年稍早發函給三十六家外籍航空公司，要求其官網更改對台灣機場的標記方式，加拿大、德國、英國等國航空公司都已更改。美國政府上月要求和中方協商，遭北京拒絕，美國各家航空公司也在期限前更改官網的標記。

人間福報 2018.7.26.27

△七月二十七日　星期五　學慧師姊走了

自從二〇一一年五月，出版《漸凍勇士陳宏傳：他和劉學慧的傳奇故事》一書，幾年後臥床二十年的陳宏走了。今天又從賴上知道學慧師姊往生了，結束這一世的人間之旅。

△七月三十日　星期一　彭正雄贊助《點將錄》九本出版

回首二〇一六和一七這兩年，自己都不相信，竟然寫完二十本書。其中，《華文現代詩》點將錄九本是一套，且由彭正雄贊助出版，今天他給大家看樣書，晚上請大家在華國飯店「烤鴨三吃」，大家感謝他，為這套書他花數十萬元！

△八月一日　星期三　她走遍 196 國，我不遠求

馬克吐溫這麼說，「二十年後，最讓你懊悔不已的，不是那些你做過的事，而是你一直沒做的事。」其實未必，人生完成想做並已做的事，是最大安慰。例如我，這世界已無足以吸引我時間的地方，這輩子留下一百五十本書，代表人生之旅！

如蘇東坡之詩，「廬山煙雨浙江潮，未到千般恨不消；及至到來無一事，廬山煙雨浙江潮。」大家搶著到埃及看金字塔，不外就是死人和墳墓；到吳哥窟、到瑪雅、看印加，不就是一堆「死文明」，與你何干！現代

人孤獨又無寄託，只得寄身於外，心是多麼寂寞孤單啊！我專心寫作不旅遊，並不否定旅遊對有些人還是有功能的，畢竟「生態多樣性」才適合各種生物。如這位卡珊卓小姐，現在地球上有七十二億人口，她是唯一。而我，67歲出版一百二十本書，也是唯一！

人間福報

走遍196國

卡珊卓（Cassandra De Pecol）來自康乃狄克州，目前是全美國最年輕、也最快完成「環遊世界」夢想的女孩。卡珊卓曾在二十五歲生日那天許下願望，要獨身一人走遍全世界所有國家。她從二〇一五年七月開始這趟環遊世界之旅，並爲這趟旅程命名爲「遠征一九六」（Expedition196）。

卡珊卓旅行的初衷是在探索世界的同時，讓世界變得更美好，在她的個人網站中，她摘錄了一段馬克吐溫名言：「二十年後，最讓你懊悔不已的，不是那些你做過的事，而是你一直沒做的事。所以，請解開繩索，駛出避風港，去探索，去作夢，去發現。」

卡珊卓二十七歲時就完成環遊世界的夢想。　圖／取自網路

2018.8.1 五版

△八月一日　星期三　我們和土匪打官司有用嗎？

我們和一群土匪打官司有用嗎？現在行政、立法、司法、監察，已全是土匪的人馬，已經沒有公平正義的判決，台灣沒有「法官」了！但昨天一群退伍軍人，到台北高院提告，表達不滿。並請求國防部履行合法給付，只是現在的「偽國防部」受理嗎？

爭取退休金差額

退伍軍人 集體提行政訴訟

【本報台北訊】退伍軍人不滿立法院強行三讀通過軍改條例，退休金遭砍後造成生活支出與計畫產生巨大變動，昨天下午赴台北高等行政法院提起給付訴訟，請求國防部履行給付退役給與差額。退伍軍人認為，軍公教已變成政府鬥爭犧牲品，呼籲執政當局立即停止權謀鬥爭，真正把利益擺在人民身上。

據了解，退伍軍人依所屬軍種分成四案原告，各別將國防部、陸軍司令部、海軍司令部、空軍司令部列為被告。退伍軍人質疑，「這就是政府照顧退伍軍人？一生青春奉獻給國家，到頭來卻要遭受政府汙名化，且利用不實數據，製造社會對立」。執政當局利用立法院多數及「鴨霸」手段，強行修改並三讀通過《陸海空軍軍官士官服役條例》讓退伍軍人莫名減少生活用度，甚至產生困境。

退伍軍人認為，依據政府招生簡章考取軍校，畢業後到部隊服務完成役期之法定原因與義務，政府也依規定核定並發放退伍金或退休金，必須依約完成其法定原因與義務。

他們表示，軍公教是鬥爭犧牲品，拒絕持續沈默，選擇站出來實質捍衛尊嚴與權益，相信台灣司法體制還公道。他們表示，一例一休、前瞻計畫、空汙防制到金廣引水喊停等一連串錯誤政策，說明政府根本無視人民福祉，只想鬥爭。

律師金勝離指出，本案不必先提起訴願。起訴的依據是行政訴訟法第八條：「人民指中央或地方機關間，因公法上原因發生財產上之給付或公法上契約發生之給付。」

⬆一群退伍軍人昨赴台北高院提告，表達對強行通過軍改條例的不滿。　圖／邱聰祥

人間福報 2018.8.1.二版

△八月四日　星期六　年金改革是莫須有的政治操作

台獨政權搞「年金改革」，本質上是一種政治鬥爭的手段。所以，年金改革是莫須有的謊言，少數軍公教成為政客的「工具」。

但政治鬥爭背後必然有其動機（目的），大約不外㈠經由政治鬥爭過程檢驗自己人馬的忠誠度，以確定重要任務要交給誰去執行；㈡進行「財產重分配」，弱化軍公教，讓獨派人馬更有錢辦事；㈢終極目的當然是去中國化、搞台獨。

△八月五日　星期日　生命的意義

相信這是很難有「正確答案」的，因為人人不同，同一人在各年紀時也有差異。甚至你在四十歲和五十歲，可能生命的意義就有大逆轉的改變。

同是陸官四十四期，我們全都退伍了，當個老榮民，每個人的生命意義都不

年金改革是莫須有的政治操作

人間福報2018.8.4.A2

年金改革只凸顯政府充滿了政治算計。就是柿子挑軟的吃，選票挑少的砍，不到六十萬人的軍公教，選票少當然優先改革，勞工超過一千一百萬人的選票多，最好拖到選舉之後再說。

年金改革還有一個重大的敗筆，就是忽略了改革對於經濟可能產生的重大負面影響。根據中華經濟研究院關於年金制度改革對總體經濟及勞動市場之影響的研究結果，顯示年改降低民眾的終生所得，打擊消費，又因提高勞動成本而降低投資，餐飲、觀光等服務業、內需製造業受到衝擊最大，進出口也雙雙負成長，淨出口衰退，加總起來使GDP成長減緩。企業減少雇用勞工，失業率上升，愈是基層技術工及勞力工受害愈大，名目和實質工資下降，讓目前的低薪困境更雪上加霜。可見年改會讓總體經濟和勞動市場受到很大的打擊，不宜當作政績來宣傳。

年金改革對經濟的打擊，反過頭來衝擊政府的社會福利支出和年金的永續可能。因為年改讓現有的低薪困境雪上加霜，加上少子化，使得按照投保薪資計算的年金保費難以成長，追不上因為人口急速老化的支出增加速度，只會使破產的預期年限更提早發生。尤其所得替代率逐年遞減的設計，年齡愈高失智失能的機會愈大的退休世代，領到的年金更少，必然會變成家庭的沈重負擔和嚴重的社會問題，又會波及長照體系的財務不足，加上年輕世代失業率上升，增加政府的社會福利支出，財政方面又會出現問題。

由此可見，雖然軍公教的年金改革即使先行，也無助於解決勞保體系的年金問題，證明蔡政府把「職業不均」當作年金改革的理由之一是莫須有的政治操作。年金改革降低退休老人家的年金給付，對年輕世代也沒有多大幫助，因為老人家的退休金減少了，不是留給年輕人的遺產減少了，就是年輕世代扶養老人的負擔增加，最後年輕世代也受到衝擊，也就是全民都受到衝擊，無一倖免。蔡政府當初以「世代不公」作為年改的另一理由，其實到頭來還是傷害了年輕人。

勞保、國保和農保還有嚴重的破產問題有待解決，年金改革仍未成功，蔡政府還需要好好努力，先不要只會宣傳政績。年金改革不能只從解決財政問題下手，更要注意把對於經濟的傷害降到最低，年金才能真正永續。

尋找生命意義：台大哲学系到陝北黃土高原

駐校作家或藝術家，停留期間大多短暫，但申請「雲門舞集流浪者計畫」的廖哲琳女士卻是到中國陝北黃土高原「魏塔寫生基地」駐村畫畫，一去，就在那裡住了六年，與五湖四海來的大陸畫家，一起參與當地農民的生活，和勞動人民同吃、同住、同勞動，與當年文革時期的知識青年下鄉，幾無二致。

「人這一輩子，就是爲了應付這張嘴了！」或是「一天的生活，就是太陽底下繞一圈」、「人皮哄地皮，地皮哄肚皮，只要眞心眞意對待土地，土地也是不虧人的」，這些出自農民內心和經驗的話語，想必比哲學課堂更貼近人生和生活吧！

人間福報 2018.8.5. B2

廖哲琳初到陝北。

同。唯一沒退的，是目前任職台獨偽政權的「偽國防部長」嚴德發「同學」。但他正在享受「權力的滋味」，一人在上，萬人在下，同學在罵他，他也在冷笑：「你們這些沒用的豬八戒！」對他而言，生命的意義就是抓住權力，自古以來，權力通財富乃不二之法門。

△八月七日　星期二　學慧師姊的告別式

自從二〇一一年五月，出版了《漸凍勇士陳宏傳—他和劉學慧的傳奇故事》一書，幾年前陳宏走了，他共臥床二十年。現在學慧師姊也走了，敬愛的師姊！

今天上午，信義、俊歌和我，一起到佛光山台北道場參加師姊的告別式，現場至少有千人以上，可見她結緣之廣。法會過程，流下感動熱淚。

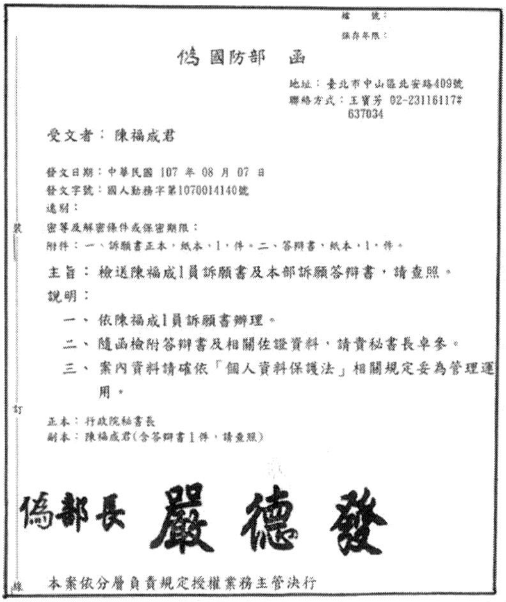

檔　號：
保存年限：

偽國防部　函

地址：臺北市中山區北安路409號
聯絡方式：王寶芳 02-23116117#637034

受文者：陳福成君

發文日期：中華民國 107 年 08 月 07 日
發文字號：國人勤務字第1070014140號
速別：
密等及解密條件或保密期限：
附件：一、訴願書正本，紙本，1，件。二、答辯書，紙本，1，件。

主旨：檢送陳福成1員訴願書及本部訴願答辯書，請查照。
說明：
一、依陳福成1員訴願書辦理。
二、隨函檢附答辯書及相關佐證資料，請貴秘書長卓參。
三、案內資料請確依「個人資料保護法」相關規定妥為管理運用。

正本：行政院秘書長
副本：陳福成君(含答辯書1件，請查照)

偽部長 嚴德發

本案依分層負責規定授權業務主管決行

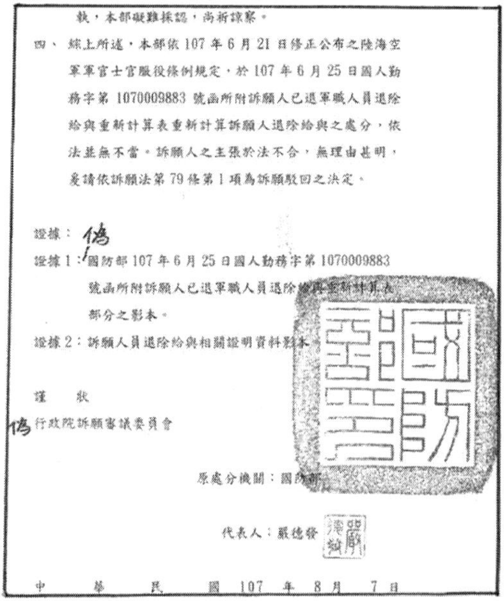

執，本部礙難採認，尚祈諒察。

四、綜上所述，本部依 107 年 6 月 21 日修正公布之陸海空軍軍官士官服役條例規定，於 107 年 6 月 25 日國人勤務字第 1070009883 號函所附訴願人已退軍職人員退除給與重新計算表重新計算訴願人退除給與之處分，依法並無不當。訴願人之主張於法不合，無理由甚明，爰請依訴願法第 79 條第 1 項為訴願駁回之決定。

證據：偽
證據1：國防部 107 年 6 月 25 日國人勤務字第 1070009883 號函所附訴願人已退軍職人員退除給與重新計算表部分之影本。
證據2：訴願人員退除給與相關證明資料影本。

謹　狀

偽行政院訴願審議委員會

原處分機關：國防部

代表人：嚴德發

中　華　民　國 107 年 8 月 7 日

△八月八日　星期三　父親節禮物、偽部長的函

今天父親節(西洋、中國父親節是六月第二星期天)，孩子們行禮如儀，請二老在神旺大飯店吃廣式飲茶。

今天收到的另一個禮物，是由偽國防部的「偽部長嚴德發同學」寄來的「訴願答辯書」。全文很長，這裡僅印下頭尾。

按該答辯書結論，說「訴願人之主張於法不合，無理由甚明，爰請依訴願法第79條第一項為訴願駁回之決定。」

真是瑪理個批，早已料到這群妓女土匪之流，大權在握，享受著權力的滋味，必然依那蔡女指示辦理。所謂公平正義，簡直是個屁！解放軍快來救救台灣吧！

△八月十二日　星期日　「老人學」及自我評分

手機上經常傳來一大堆「老人學」，說人老了要學得怎樣！相信這些也是老人的成長，在現代社會特別來得重要，才能保住老年的快樂和尊嚴。以下針對老人學做自我評分：

三學：退出、裝傻、玩樂。90分。

三步：跑步、散步、漫步。90分。

三善：善待自己、他人、善解人意。90分。

三伴：照顧老伴、結交友伴、尋找玩伴。90分。
三福：生活有人陪、養老有房、生病有錢。90分。
三淡：淡忘年齡、淡化衣食、淡水交友。90分。
三不缺：德、情、快樂。90分。
三不欠：錢、責任、人情。90分。
三不說：傷人話、抱怨話、碎碎話。90分。
三不忘：父母恩、妻子恩、知遇恩。90分。
三件事：安心睡、快樂吃、歡喜笑。90分。

每一項我都很有自信，可以給自己更高分。但人生無常，天帝教首任首席使者涵靜老人李玉階常說：「放下一切，一切放下；不想一切，一切不想」。能如是，最佳！

△八月十七日　新詩學會理監事聯席會

綠蒂主持會議，主要報告明年一些重要工作。現場碰到前輩張默，老友文林和洪安峰（陽明大學腦科專家）等。認識二位新人，王婷和劉曉頤，但聊起來都不陌生，她倆和范揚松、葉莎也是好友！文壇真是個小圈圈！

彭正雄今天未到，他和老婆結婚六十年。鑽石婚，三個孝順的女兒陪

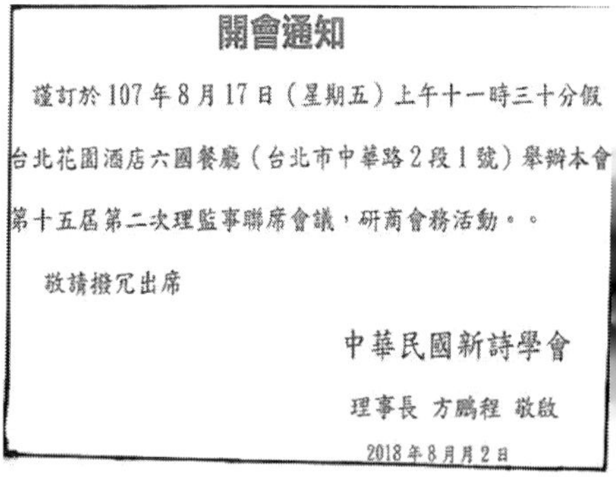
開會通知

謹訂於107年8月17日（星期五）上午十一時三十分假台北花園酒店六國餐廳（台北市中華路2段1號）舉辦本會第十五屆第二次理監事聯席會議，研商會務活動。。

敬請撥冗出席

中華民國新詩學會

理事長 方鵬程 敬啟

2018年8月2日

去日月潭度假。

△八月十七日　星期五　兩岸「融合」向前跨一大步

這是今天的新聞，太好了，中國「融合」台灣向前跨出一大步。台獨是一隻想造反的猴子，但中國是佛祖，有何造反成功的機會？零啊！這幾天蔡女到南美去賣肉，最好飛機冲入太平洋，天譴！她遲早要付出代價！

同等待遇　陸推台灣居民居住證

【本報綜合報導】為落實「台胞同等待遇」，中國大陸國務院昨天宣布將推出十八碼的「台灣居民居住證」，指出符合申領條件的台灣居民，可據本人意願選擇是否申辦，即可獲得與大陸居民相同的公共服務與便利。

中國大陸公安部副部長侍俊、國台辦副主任龍明彪、港澳辦副主任黃柳權昨天出席國新辦新聞發布會。侍俊表示，國務院將印發「港澳台居民居住證申領發放辦法」，九月一日正式實施，辦理居住證的港澳台居民，提出出入境的證件，以及居住地址、就業、就讀等證明，二十個工作日就能領到證件。

龍明彪指出，台灣同胞普遍反映台胞證在大陸的社會公共服務系統得不到普遍便利的使用，製發台灣居民居住證是個有效的解決辦法，可與大陸的社會公共服務系統普遍兼容。

龍明彪進一步說明，「台胞證」是來往大陸的旅行證件，是出入大陸的唯一證件；台灣居民居住證是台人在大陸學習、工作、生活的身分證件，不能用於出入大陸。

龍明彪說，申領台灣居民居住證不需要具有大陸戶籍，也不需要放棄台灣戶籍，「在台灣享有的相關權利義務也不應該受到影響」，台灣居民只要是在大陸居住半年以上，符合有合法穩定就業、合法穩定住所、連續就讀條件之一的都可以申領。

對此，陸委會發言人邱垂正指出，陸方核發居住證是對台統戰拉攏策略，並指大陸政府近年建置「天網」工程，居住證可能會產生一定的風險。

邱垂正強調，依兩岸人民關係條例規定，台灣人民不得在大陸設有戶籍或領用其護照，違者將被註銷在台戶籍及衍生的相關權益。

人間福報　二〇一八.八.十七.

中華民國新詩學會當選證書

（107）詩會字第 022 號

陳福成 先生

當選為中華民國新詩學會第十五屆理事任期自中華民國一０七年六月十五日至一一一年六月十五日。

中華民國新詩學會

中華民國一０七年六月十五日

△八月二十日　星期一　出版了幾本詩集？

寫了一輩子所謂的「現代詩」，可能有幾千首，無從統計。最短兩行，最長五千五百行，佩服自己，向自己行個最敬禮吧！但出版了幾本詩集，就很清楚。如下：《尋找一座山》、《春秋記實》、《性情世界》、《春秋詩選》、《赤縣行腳．神州心旅》、《八方風雨》、《古晟的誕生：陳福成60詩選》、《「外公」和「外婆」的詩》、《60後詩雜記現代詩集》、《囚徒：陳福成五千五百行長詩》、《光陰簡史：我的圖相回憶錄現代詩集》、《光陰考古學：失落圖像考古現代詩集》。共十二本。

其他與人合著、合編大約有十多本，針對兩岸詩人、詩社、詩刊（報）的研究專書，大約三十多本。再向自己行「最敬禮」。

△八月二十一日　星期二　參加台大退聯會慶生會

退聯會慶生會，自從我任理事長（二〇一三到一六年）時，建立了不錯的舉辦模式。至今俊歌接任理事長，也能維持我在時的規模，甚佳！照理說，我應該是和「陸官同學會」玩在一起，但多少年來，都和台大玩在一起，只能說因緣吧！

行政院訴願決定書　　　院臺訴字第 1070184933

訴願人：陳福成

出生年月日：41 年　月　日

住：臺北市文山區　　　號　樓

訴願人因退除給與重新審定事件，不服國防部 107 年 6 月
日國人勤務字第 1070009883 號函及所附重新計算表（退休
（專案編號：09-01-05947），提起訴願，本院決定如下：

主　文

訴願駁回。

事　實

一、訴願人原係陸軍上校，申經原處分機關國防部核定於 107
6 月 30 日前退伍生效，並支領退除給與。嗣原處分機
107 年 6 月 21 日修正公布、107 年 7 月 1 日施行之陸海
軍官士官服役條例（以下稱修正後服役條例）第 26 條、
46 條等規定，以 107 年 6 月 25 日國人勤務字第 1070009
號函及所附重新計算表（退休俸）（專案編號：09-
05947）重新審定，並分年調整訴願人自 107 年 7 月至
年 6 月及 117 年 7 月起之每月退除給與（詳原處分書）。

二、訴願人提起訴願意旨：原處分機關依修正後服役條例規
新審定其退除給與，違反憲法第 15 條、第 18 條規定、
不溯及既往原則、比例原則等，請撤銷原處分，依原核
給退除給與，並返還差額及給付利息。

三、原處分機關答辯意旨：

（一）原處分依修正後服役條例第 26 條、第 46 條等規定，重新審定訴願人退除給與，並無違法不當，經再重新審查，亦無誤計、誤繕情形。

（二）修正後服役條例施行前已退除役人員退除給與之調降，係就持續支領之退休俸、優惠存款利息及月補償金，針對已開始迄未完結之事實，向將來發生效力，採循序漸進方式分年調降退除給與，未溯及過去已領取之給與，並設定最低生活保障金額，以確保退除役人員老年經濟安全，與司法院釋字第 717 號解釋相符。

理　由

一、修正後服役條例係鑒於國軍歷經多次組織精簡，軍隊編制員額大幅下降，導致軍人退撫基金快速流失，將無法支應未來退除役人員及其遺族之退除給付，另我國人口結構面臨高齡化與少子女化之問題，在各職域相互競才因素衝擊下，如無足夠誘因吸引社會青年投入軍旅，將影響募兵政策之推行，產生兵源不足，影響國家安全，復參酌先進國家軍人退撫制度，均將軍人具全天候戰備、工時長、具危險性、退除早、離退率高之特性納入考量，於升遷、任期、薪資結構及退撫制度上，與其他職域為不同之設計，目的在提供軍人與眷屬合理之生活保障，爰重新檢討軍人退撫制度，設計符合軍人職業特性，創造招募誘因，滿足未來退除役人員退除給付與兼顧因制度轉銜、現役及已退人員權益保障，使軍人退撫基金得以永續經營，達到促進招募、穩定現役、安撫退員之政

第 2 頁

策目標，為本院服役條例修正草案總說明所載明。復衡酌修正後服役條例係配合退除役人員退撫制度改革方案之推動及募兵政策之推行，制度規劃困應兼顧退除役人員退除給與權益之保障，惟其具體內涵之規定，攸關社會資源之分配，國家財政負擔能力等全民之整體利益，且係經立法院通過，總統公布之法律，以為退除役人員退除給與等相關事項之規範，既係現行有效之法律，自應有其適用。

二、訴願人原係陸軍上校，申經原處分機關核定於 107 年 6 月 30 日前退伍生效，並支領退除給與。原處分機關依修正後服役條例第 26 條、第 46 條等規定重新審定，並分年調整訴願人自 107 年 7 月至 117 年 6 月及 117 年 7 月起之每月退除給與（詳原處分書），核屬有據，且經原處分機關重新審查原處分內容，亦無誤計或誤繕情形，經核並無不當，原處分應予維持。

三、有關修正後服役條例有無違反憲法第 15 條、第 18 條規定、法安定性原則、信賴保護原則、法律不溯及既往原則、誠實信用原則、平等原則、法律保留原則、比例原則等，屬聲請解釋法律是否牴觸憲法事項，並非訴願審查範圍。至請求給付利息，依行政訴訟法第 7 條規定，提起行政訴訟時，得合併提起，併予指明。

四、據上論結，本件訴願為無理由，爰依訴願法第 79 條第 1 項決定如主文。

訴願審議委員會主任委員　林秀蓮

第 3 頁

△八月二十六日　星期日　台獨政權製造台灣災難

「行政院訴願決定書」下來了，附印幾頁做證據。這是台灣公務人員的災難，將會擴大成台灣全民災難。台獨路線，本來就是災難。將形成窮台、困台、倒台、絕台、光台、死台，為統一創造條件。

「行政院」舉的理由，都是政治暗算，實際上是違憲違法的，土匪強盜，無法無天！

最近南部下一點雨，所謂的大雨，結果全淹大水。彰化以南台獨治理多年，預算都落入台獨政客口袋，一千億中至少被污了六百億，而人民不覺醒，還要投台獨票，只能說活該，台灣的劫數！

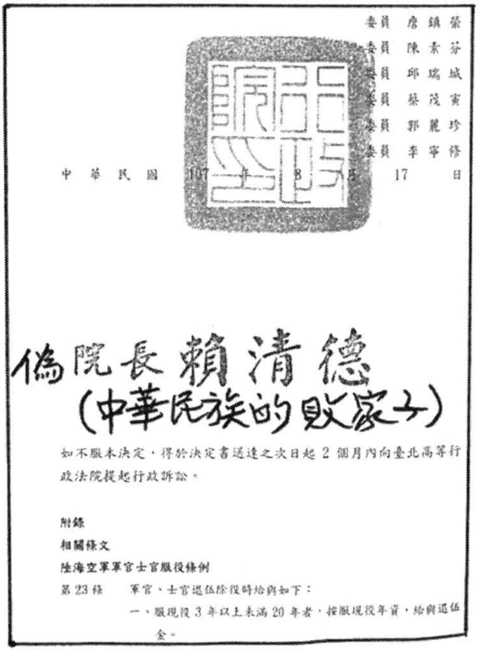

委員　詹鎮榮
委員　陳素芬
委員　邱瑞城
委員　蔡茂寅
委員　郭麗珍
委員　李寧修

中華民國　107　年　8　月　17　日

偽院長賴清德
（中華民族的敗家子）

如不服本決定，得於決定書送達之次日起 2 個月內向臺北高等行政法院提起行政訴訟。

附錄

相關條文

陸海空軍軍官士官服役條例

第 23 條　軍官、士官退伍除役時給與如下：

一、服現役 3 年以上未滿 20 年者，按服現役年資，給與退伍金。

十一月又要選舉了，民主政治實在是人類有史以來，最爛乃至最不良的政治制度。這種制度，助長邪惡、鼓勵貪污，使人性向腐敗面進化，「民主」更是助長全民說謊，合法化全民墮落，台灣再搞民主政治，完蛋更快。

△八月二十九、三十日　台大秘書室志工研習會

這兩天志工研習，平時難看到人，各自值班不會碰到面。今天碰到了，孫茂玲、林嘉愛、陳美玉、蘇克特、彭慧文、鄭美娟、莊慧君、劉秋娥、夏尊堯、郭耀東、游含笑、吳信義、俊歌、陳蓓蒂、宋德才、陳美蘭、陳美枝、王來伴、朱堂生、謝玉美、叢曼如、郭正鴻、許文俊、許璆之、郭麗英、孫洪法、蔡芸娜。……女生比男生多！

多年來，為使秘書室志工有聯誼機會，由我主辦每年兩次餐會，有時也相約郊外遠足。

利用這次研習，順便公告到「越嶺休閒

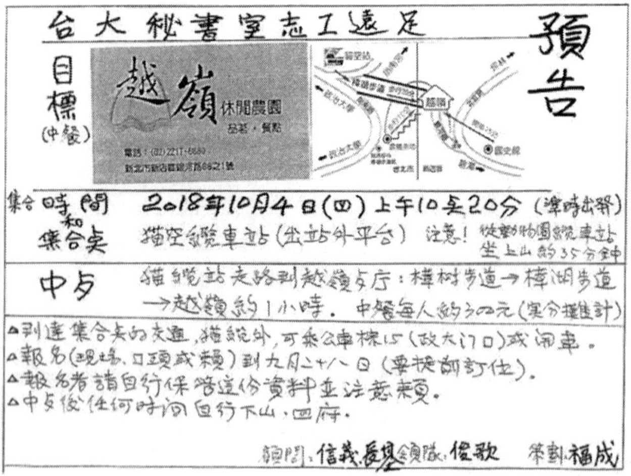

台大秘書室志工遠足　預告

目標（中餐）　越嶺休閒農園

集合時間和集合點：2018年10月4日（四）上午10點20分（準時出發）
貓空纜車站（出站外平台）　注意！從動物園纜車站坐上山約35分鐘

中午：貓纜站走路到越嶺餐廳：樟樹步道→樟湖步道→越嶺約1小時。中餐每人約300元（實分攤計）

△到達集合點的交通，貓纜外，可乘公車棕15（政大門口）或開車。
△報名（現場、口頭或電話）到九月二十八日（要提前訂位）。
△報名者請自行保管這份資料並注意事項。
△中午後任何時間自行下山，回府。

顧問：信義、長基　領隊：俊歌　策劃：福成

農園」遠足。立即有二十多人報名：吳信義、俊歌、許文俊、朱堂生、許璨之、孫茂鈴、陳美蘭、蘇克特、彭慧文、呂麗雪、夏尊堯、陳美玉、陳蓓蒂、陳美枝、叢曼如、莊慧君、嚴麗君、林嘉愛、陳瓊娥、楊美蘭、游含笑、陳美秀、郭麗英。

△九月一日　星期六　沒格調的政府

這是一個台獨領導的政權，怎麼會有格調？一群低劣的物種！

這是土匪統治的政府，沒有仁義道德，禮義廉恥斷喪，怎麼會有格調？只是一夥無恥的「類人」！

台獨「毒化」了人民，這樣的人民怎有能力選出有格調的公務人員。就像君子碰到土匪，為了生存，也只好用土匪手段對付土匪。於是，全都沈淪了，所以台灣沒救了，只有統一之戰能救台灣！

薩總統府：指控錯誤沒格調

人間福報 2018.8.23. 2版

【本報綜合報導】美聯社報導，薩爾瓦多與我斷交後，我外交部長吳釗燮指薩國不斷向我國要求大量現金，薩國總統府發言人羅倫沙納二十一日在電視訪問中表示，台灣的指控「沒格調」、「完全錯誤」，因為其他許多國家都選擇與北京締結外交及商業關係。

羅倫沙納表示，台灣人現在因台薩斷交很沮喪，但有格調的政府，不會說出這種話。

羅倫沙納還說，「我們不能忽視這個世界，無視中國是世界第二大強國，且是全球頂尖出口經濟。」

我涉外人士指出，薩爾瓦多可能看到中國大陸與包括薩爾瓦多在內的中美洲各國，雙邊貿易額的增長都相對大於與台灣之間的貿易增長幅度，但這些國家可能未思考清楚，與大陸的貿易額總額雖然增長，卻是得到逆差，但這些國家卻是從台灣獲得順差。

對羅倫沙納說法，外交部「沒有評論、不予回應」。據了解，我方認為雙方既已斷交，就不宜再口出惡言，無須與對方進行口舌之爭。

民進黨立委郭正亮指出，台灣是事件中的受害者，薩爾瓦多的要求違法，我外交部當然不可能答應，但因薩爾瓦多當局身為當事人，又想在這次總統選舉中尋求連任，講法本來就會有所隱瞞，粉飾動機。

國民黨團書記長曾銘宗指出，事實就是事實，若外交部說法被這反駁，會造成我外交部可信度的折損，「假設薩國說法有誤，我們也應該要強力回擊」。

前副總統呂秀蓮昨天在八二三戰役六十周年前夕到金門，於古寧頭和平紀念園區敲和平鐘，提到薩國與我斷交，呂秀蓮說：「這是中國領導人準備對台灣趕盡殺絕，是非常嚴厲的警訊。」

△九月四日　星期二　台大退聯會理監事會

這個小圈圈還算是個溫馨的小團體，給退休的台大人一個可以自由悠遊的國度。會員繳費以外，學校也有預算支持，有軟硬設備可以使用，雖仍不合大家所有想要願望，算不錯了！

最早我以為這裡不是「軍訓教官」可以揮灑的地方，顯然不是！創會者中有總教官宣家驊將軍，我幹了兩任理事長四年，俊歌的理事長第一任也快完功，教官負責盡職，為教官加分，也為本會加分！

△九月六日　星期四　北京《黃埔》和天帝教

幾年前一個因緣到北京「黃埔軍校同學會」，後來他們每月寄給我《黃埔》雜誌，很值得去了解。我深入研讀各期，到最近寫完《我讀北京《黃埔》雜誌的筆記》一書。

接下來是研究「天帝教」，五年前寫了《天帝教的中華文化內涵》一書，但我對天帝教還很好奇，決定開寫第二本。

△九月十一日　星期二　製造好友見面的機會

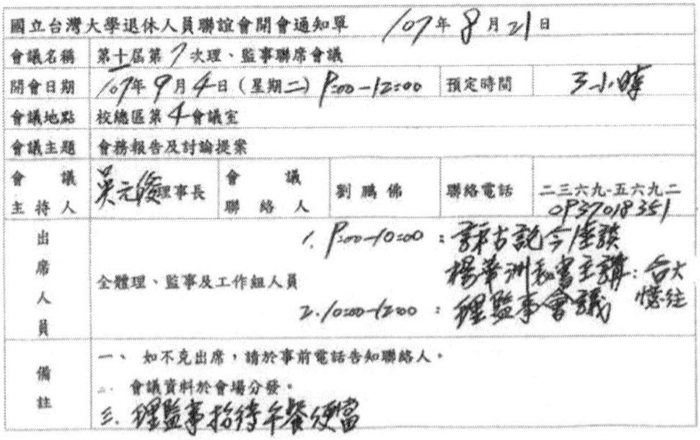

國立台灣大學退休人員聯誼會開會通知單　107年8月21日					
會議名稱	第十屆第7次理、監事聯席會議				
開會日期	107年9月4日（星期二）9:00-12:00			預定時間	3小時
會議地點	校總區第4會議室				
會議主題	會務報告及討論提案				
會議主持人	吳元俊理事長	會議聯絡人	劉鵬佛	聯絡電話	二三六九-五六九二 0937018351
出席人員	全體理、監事及工作組人員　1. 9:00-10:00：講古說今座談 楊華洲秘書主講：台大憶往　2. 10:00-12:00：理監事會議				
備註	一、如不克出席，請於事前電話告知聯絡人。二、會議資料於會場分發。三、理監事招待午餐便當				

我提議「黃昏五友」（信義、長基、俊歌、彭公和我），每年生日前，壽星要請大家吃一頓，大家都同意。其實就是製造朋友見面機會，聊聊天或喝兩杯，因為大家年紀都不小了，未來碰面只會越來越少！俊歌是九月生，他請大家到凱撒喝下午茶。可惜「人山人海」！輪到我，要找個安靜的地方，清淨空間才好談心。

△九月十二日　星期三　44同學小圈餐會

這小圈圈餐會每年三次，竟然已滿十六年了，第五十次。今天到：袁國台、曹茂林、解定國、高立興、童榮南、黃國彥、余嘉聲、盧志德、金克強、李台新和我。共11人。

在三軍軍官俱樂部吃飯、唱歌，到下午三點大家才離開。雖然每次話題差不多，聊聊往事、罵罵台獨份子，快樂就好！前半輩子太辛苦了！

△九月十五日　星期六　度母洛妃《捨了半生捨不了你》詩集

度母洛妃，好奇怪的名字，香港的美女詩人。

看她的頭銜，應該事業也很成功的現代女性：華聲晨報社副總編、華星詩談主編、廣西東盟創意管理學院院長、香港國際創意學會主席、香港文聯執行秘書長，拿過數個文學獎。

我應彭雅雲小姐之請，為度母洛妃的詩集《捨了半生捨不了你》寫一評文，因而有機會「認識」她！

△九月十七日　星期一　台大退休教官餐會

晚上在儷苑會館（林森北路 413 號）會餐，到有：總教官李長嘯、主任教官吳普炎、吳信義、孫彭聲、楊長基、吳元俊、鄭大平、陳國慶、陳國瑞、彭正雄和我加兩個陪伴女生，一桌滿滿。

彭正雄是唯一不屬教官界，他是「六一九砲戰英雄」。兩個林小姐使氣氛不太硬，有些溫馨！

△九月十七日　星期一　彭正雄宴請華文現代詩諸友

《華文現代詩》沒有彭公彭正雄，早已打烊了。因為多數經費是他出的，行政雜務他全包辦，出版九本點將錄至少五十萬元以上成本，他全負責了，出錢出力都是他。

今晚他請大家在「春天素食」晚宴，雅文、錫嘉、許公、莫渝、阿貴、正偉、彭公和我，只有美霞姊在養病未到。

△九月二十二日　星期六　愛國企業家馬雲必在歷史留名

單純只是一個商人、企業家、明星，沒有國家民族觀念，不管賺多少錢，走了就走了，不會在歷史上留名。如王永慶。郭台銘可能也差不多，他說過「市場是我的祖國」，即一派「商人無祖國觀」，所以「美中爭霸」之際，他還在美國大投資。

馬雲可是更高一級的企業家，他原先答應在美國創造一百萬個就業機會。現在毅然取消，他回答記者說：「這個承諾是基於中美友好合作，雙邊貿易理性客觀的前提提出的，當前的局面已經破壞了原來的前提，已有的承諾沒有辦法完成了。」他是民族企業家，未來必在歷史留名。

在美百萬就業 馬雲收回承諾

人間福報 一〇八.九.廿一

〔本報綜合外電報導〕中國大陸電子商務巨擘阿里巴巴創辦人兼董事長馬雲表示，他在美國創造一百萬個就業機會的承諾，已因北京和華府間的貿易戰而無法兌現。美國CNBC報導，貝西默信託（Bessemer Trust）投資長李貝嘉．派特森受訪時指出，這代表中國大陸在貿易戰中確實有一些籌碼。

美國總統川普去年一月上任前，馬雲前往紐約會晤川普，承諾會在美創造一百萬就業機會。日前宣布明年退休的馬雲昨天日在杭州接受新華社專訪，被問到能否實現承諾。

馬雲回答，這個承諾是基於中美友好合作，雙邊貿易理性客觀的前提提出的；當前的局面已經破壞了原來的前提，已有承諾沒有辦法完成了，「但是我們不會停止努力，會努力推進中美貿易健康發展」。

一百萬個工作機會接近全美所有職缺的百分之一，馬雲支票如果兌現，將使阿里巴巴成為全美雇用最多勞工的民間企業之一。

對於馬雲收回在美創造一百萬就業的承諾，貝西默信託投資長派特森表示，阿里巴巴與中國政府關係良好，會盡力協助政府；她指出，馬雲的說法提醒美方，中國在貿易戰確實有些籌碼。她還說，貿易戰觀察重點不在金額多寡，而是會持續多久。

馬雲十八日在阿里巴巴投資者日大會中表示，這場貿易戰恐持續二十年，到美國總統川普任期結束後仍會持續。他呼籲中國領導人改變貿易政策，開放中國市場，並利用川普加徵關稅的機會進行升級。

△九月底、十月初　《文訊》為老作家做很多事

我對《文訊》雜誌所知不多，其主持人封德屏也不認識，但我知道封德屏主持《文訊》，為我們這些老作家做了很多事。其中之一，是每年重陽節、詩人節都有重大活動，每個活動都是一項大工程。

如重陽節，專為我們這些老作家辦活動，光是餐會就有幾十桌，要花很多銀子，動員人力。很辛苦，我們應該心存感激。

寫作一輩子，可能寫了幾千萬字。詩也寫了一輩子，大概有幾千首吧！文壇上人稱作家詩人，為什麼會寫一輩子？不知道，打發時間，沒有其他打發時間的方法。寫久了，成為一種興趣、樂趣！不然人生漫長，也不知要怎麼過？很多人去旅遊、出國玩。但現在旅行社辦的旅遊，只有兩個字形容，膚淺，或受罪！

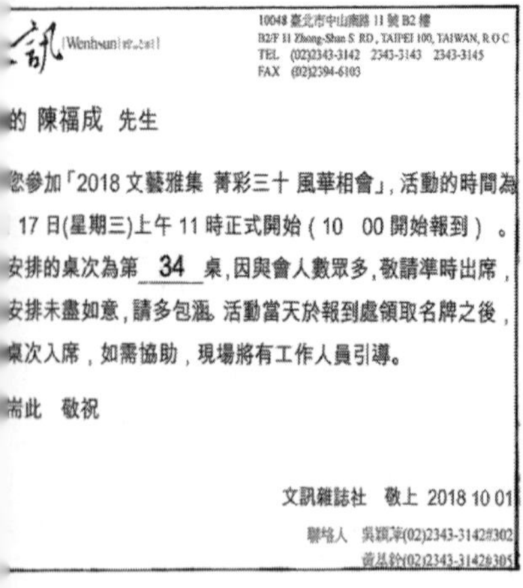
訊 Wenhsun
10048 臺北市中山南路 11 號 B2 樓
B2/F 11 Zhong-Shan S. RD., TAIPEI 100, TAIWAN, R.O.C.
TEL (02)2343-3142 2343-3143 2343-3145
FAX (02)2394-6103

的 陳福成 先生

您參加「2018 文藝雅集 菁彩三十 風華相會」，活動的時間為
17 日(星期三)上午 11 時正式開始（10 00 開始報到）。
安排的桌次為第 34 桌，因與會人數眾多，敬請準時出席，
安排未盡如意，請多包涵。活動當天於報到處領取名牌之後，
桌次入席，如需協助，現場將有工作人員引導。

耑此　敬祝

文訊雜誌社　敬上 2018 10 01
聯絡人　吳穎萍(02)2343-3142#302
黃基銓(02)2343-3142#305

△十月一日 星期一 旅遊、蘇東坡說

廬山煙雨浙江潮，未到千般恨不消。
及至到來無一事，廬山煙雨浙江潮。

△十月四日 星期四 秘書室志工遠足

天氣不算太差，一點點小雨，茶園遠足，中午在「越嶺」午餐，決定照常舉行，熱鬧的一天！

台大秘書室志工木柵茶園遠足 2018.10.4.

姓名	簽到	姓名	簽到
吳信義	吳信義	彭慧文	彭慧文
俊歌	俊歌	陳美玉	陳美玉
陳福成	陳福成	陳蓓蒂	陳蓓蒂
宋德才	宋德才	陳美枝	陳美枝
許文俊	許文俊	叢曼如	叢曼如
朱堂生	(臨時有事)	王來伴	(有事不來)
許璨之	許璨之	夏尊堯	夏尊堯
孫茂鈴	孫茂鈴	自由簽到	一個加拿大妞
陳美蘭	陳美蘭		
蘇克特	蘇克特		

△十月八日　星期一　按《遠見天下》檢討現代人際關係

《遠見天下》做了一個現代人際關係調查，發現現代人有四種「人際關係病」。我不知道自己有沒有？做一下自我觀照。

◎「雲端取暖饑渴症」：我從不在雲端取暖。

◎「多重人格分裂症」：志不同道不合，不列為朋友。

◎「人際關係虛胖症」：我早已簡化，真朋友不超過十位。

◎「鍵人」不「見人」症：我從不在網路交友。

△十月十五日　星期一　彭公的鑽石婚宴

文史哲出版社老闆彭正雄與夫人韓游春鑽石婚宴，他席開一個超大圓桌，二十多人，嗨了一晚上，女兒雅雲也陪同出席。到的人有：總教官李長嘯、吳信義、俊歌、楊長基、陳國瑞、王潤身、孫彭聲、林素銀、林秀瑛、吳普炎、陳國慶、鄭大平和我；另有彭公老友「童心會」八人。

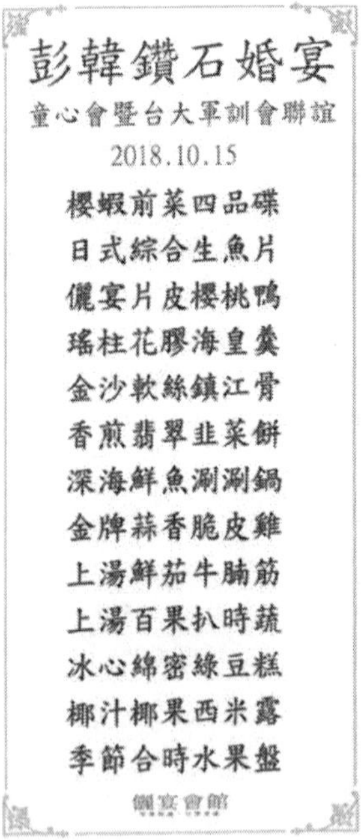
彭韓鑽石婚宴
童心會暨台大軍訓會聯誼
2018.10.15
櫻蝦前菜四品碟
日式綜合生魚片
儷宴片皮櫻桃鴨
瑤柱花膠海皇羹
金沙軟絲鎮江骨
香煎翡翠韭菜餅
深海鮮魚涮涮鍋
金牌蒜香脆皮雞
上湯鮮茄牛腩筋
上湯百果扒時蔬
冰心綿密綠豆糕
椰汁椰果西米露
季節合時水果盤
儷宴會館

△十月十七日　星期三　參加文藝界重陽節

老作家、老詩人們，一年一度都很期待，這個文友相見的日子。台北文友大家常見，中南部很多是一年一相見，盛況一如往年。今年席開三十七桌，有吃有拿，表演節目也不錯，各項資料都保留下來，也是一種文藝界的歷史資料。

回顧這一輩子，始終沒有離開文學，但何謂文學？古今中外沒有學者說的準，沒有確定的答案，派別之多如同政黨林立！

文藝界重陽節，如同一年一度的大拜拜，每年都有數百人。去年36桌，今年37桌，可謂全台最大規模的文學活動，中國文藝協會也動員不了這麼多人！

「文訊」在國民黨時代，可以得到經費補助，但後來國民黨也不管了，這實在是國民黨的敗筆。包含結束「中央日報」等，現在媒體幾乎全被獨派佔領，真是可惜，禍首當然是李登輝和馬英九，為害千年！

2018 文藝雅集 青彩三十・風華相會

DOUBLE NINTH FESTIVAL

桌次：34

陳 福 成

策畫：台灣文學發展基金會

贊助：文化部 www.moc.gov.tw　台北市文化局　中華文化總會　三花棉業　益富

2018 文藝雅集

DOUBLE NINTH FESTIVAL

青彩三十・風華相會

餐會席次與來賓芳名

策畫：財團法人台灣文學發展基金會

贊助：文化部 www.moc.gov.tw・台北市文化局・中華文化總會・三花棉業・益富 Nutritec

承辦：文訊雜誌社

協辦：人間福報・大海洋詩雜誌社・山海文化雜誌社・中國文藝協會・中國婦女寫作協會・中華日報副刊・中華民國專欄作家協會・中華民國筆會・中華金門筆會・文學台灣雜誌社・世界女記者與作家協會—中華民國分會・台灣客家筆會・台灣詩學季刊社・幼獅文藝・印刻文學生活誌・有荷文學雜誌／喜菡文學網・明道中學明道文藝雜誌・金門文藝・金門旅外藝文學會・金門縣文化局・青溪新文藝雜誌・客家雜誌社・秋水詩刊・熟年誌・紀州庵文學森林・乾坤詩刊雜誌社・國立傳統藝術中心・國語日報社・創世紀詩雜誌社・普音文化公司・開朗雜誌事業有限公司・葡萄園雜誌社・聯合報副刊・聯經出版事業公司・藝術家雜誌社・鹽分地帶文學雜誌／臺南市政府文化局

主持：朱國珍 小組

九九重陽

2018 DOUBLE NINTH FESTIVAL

11:00-11:20　致詞・主辦單位致歡迎詞・貴賓致詞

11:20-11:30　節目表演

河堤國小・鼓隊陣《鼓打》

11:30-11:40　影片播放 I・文藝雅集三十年菁華回顧

11:40-11:50　節目表演

廣青合唱團《綠島小夜曲》

《四月望雨組曲》(四季紅／月夜愁／望春風／雨夜花)

11:50-12:00　影片播放II・2018作家關懷列車系列

曹介直、張拓蕪、王黛影、謝天聰、向　明、魯　蛟、麥　穗

俞允平、楊昌年、趙玉明、李　喬、邱家洪、謝里法、丁　穎

林亨泰、黃基博、曾　寬、白　萩、王牧之、楊　濤、朱學恕

12:00-12:30　餐會・與會來賓・紀念品介紹

12:30-13:00　作家同樂—跨世代青春歌

PART1・南北管古調組曲+台語老歌

林央敏 南北管古調《百家春》

林央敏《溫泉鄉的吉他》

PRAR2・西洋老歌組曲：

李有成《The House of the Rising Sun》(日昇之屋)

李有成《Scarborough Fair》(史卡博羅市集)

PRAT3・民歌國語經典：

湯芝萱《天天年輕》

馬翊航《不要告別》

湯芝萱×馬翊航《夢田》

PRAT4・自由歡唱，美好時光

13:00～　散會・領取紀念品

餐會席次與來賓芳名

桌次	來賓芳名
1	李有成・王榮文・呂毓卿・柴松林・張鐵志・蕭宗煌・鍾永豐・履彊・葉樹姍・封德屏・朱國珍
2	林宗源・陳耀昌・黃騰輝・徐如林(女)・鄭炯明・姚榮松・趙天儀・方寬銘・岩上・胡瑞珍・陳瑩芳
3	葉日松・葉羅瑞新・麥穗・管管・碧果・徐瑞・張孝惠・墨韻・紫鵑・林于弘・張錯
4	楊青矗・楊士慧・林央敏・莫渝・楊憲宏・羊子喬・趙迺定・林清秀・王溢嘉・古蒙仁・陳慈銘
5	喜菡・胡爾泰・王羅蜜多・夏婉雲・白靈・陸達誠・大蒙・徐如林・藍雲・洪淑珍・林正三
6	鄭如晴・鄭羽書・羊憶玫・唐潤鈿・徐秀美・劉淑華・鄭淑華・蔣竹君・江秀卿・荻宜・朱佩蘭
7	梅遜・楊祖光・莊靈・陳夏生・楊銀鳳・余玉照・李金蓮・應平書・王盛弘・胡金倫・陳宛茜
8	宋元・殷勝祥・周伯乃・于愷駿・徐世澤・高準・齊衛國・黃文範・李鋈・丁履譔
9	歐銀釧・余崇生・沈花末・陳光憲・陳銘磻・莊永明・白棟樑・李展平・陳朝寶・劉文潭・陳文婷
10	丁貞婉・吳興・江澄格・胡耀恆・梁欣榮・高天恩・許麗卿・歐茵西・陳慶煌・張曉風・單德興
11	向明・楊昌年・趙玉明・俞允平・張健・羅行・魯蛟・桑品載・隱地・陶幼春・楊宗翰
12	紀秋郎・陳秀潔・張靜二・康來新・康芸薇・劉靜娟・童元方・汪其楣・張芳慈・曹志仁・宋政坤
13	曾仕猷・曾仕良・闊振瀛・陳甲上・林耀堂・李文漢・邢運蓉・霍剛・焦士太・張植珊・林其賢
14	王道還・彭小妍・方祖燊・黃麗貞・李殿魁・鄭向恆・曾昭旭・黃慶萱・談海珠・張素貞・白崇珠
15	寧可・寧忠湘・王愷・陳美潔・趙明・阮淑琴・何肇衢・何耀宗・黃光男・李賢文・林清泉
16	吳雪雪・王克敬・李宗慈・周昭翡・程榕寧・孫小英・趙琴・歐陽元美・趙妍如・汪季蘭・劉曼紅
17	柴扉・林月華・鄭仰貴・林銀・汪鑑雄・胡坤仲・黃錫淇・麥哲雲・吳敏顯・徐惠隆・奧威尼・卡露斯
18	朱學恕・羅海賢・黃進發・張泉增・沙白・俞川心・文壽峰・潘長發・潘家群・陳連禎

桌次	來賓芳名
19	金劍．崔崇光．杜奇榮．吳道文．鄧鎮湘．夏祖明．穆緒膏．蜀洪．汪淵澤．汪詠黛．蔡怡
20	王亞維．王黛影．廖玉蕙．蔡全茂．袁家瑋．樸月．宇文正．愛亞．方梓．季季．田新彬
21	許王．許娟娟．楊素珍．杜志成．謝震隆．謝美枝．孫雄飛．孫慧琴．陳剩．黃才郎
22	丘秀芷．古梅．陳晨曦．龔書綿．龔旭初．宋雅姿．袁言言．高雷娜．徐翊維．林黛嫚
23	何桂泉．吳玉雲．楊肅民．李台山．洪玉芬．翁翁．楊筑君．楊樹清．盧翠芳．李福井．吳鈞堯
24	陳素芳．楊小雲．溫小平．余玉英．郭妙．張雪琴．任真．陳司亞．黃信樵
25	李可梅．李德珍．陳銀輝．楊淑貞．梁秀中．周月坡．李重重．金哲夫．孫少英．楊以琳．王漢金
26	毛先榕．六月．柯錦鋒．郭心雲．澍文．陳亞南．陳薇．周梅春．林仙龍．黃漢龍．陳議南
27	陳宏勉．林淑女．趙心鑑．莊瑞玲．佛鑾．連勝彥．陳坤一．陳維德．徐松齡．郭文夫．宋英
28	葛治平．許月娥．書戈．彭瀹芳．李玉．李莒光．沈立．蔡清波．雨弦．潘台成
29	李在敬．孫清吉．張慧元．莊桂香．莊麗月．陳祖華．董益慶．徐斌揚．徐瑜．吳疏潭．孟繼淇
30	傅林統．黃海．葉言都．杜萱．陳正治．李啟端．陳美儒．曾心儀．馬翊航．湯芝萱．李亞南
31	廖瓊枝．鄭速蓮．涂靜怡．陳瑋全．陳欣心．栞川．覺涵法師．趙化．楊錦郁．胡麗慧．黃春旺
32	林良．林瑋．曹俊彥．許建崑．許義宗．洪文瓊．陳木城．林武憲．林煥彰．邱各容．黃瑞田
33	黃克全．王學敏．王先正．吳德亮．方鵬程．蕭蕭．渡也．林齡．陳憲仁．蘇正隆．彭樹君
34	林錫嘉．許其正．陳福成．傅予．彭正雄．賴益成．顏艾琳．凌拂．文林．柳愈民．羅明河
35	左秀靈．吳東權．李元平．蘭觀生．姚家彥．郭兀．陳文榮．秦賢次．蔡登山．梁良．溫德生
36	徐享捷．楊靜江．金筑．官有位．陶明潔．楊蓮英．落蒂．林文煌．王婷．許麗玲．陳建宇
37	黃恆秋．江彥震．林國隆．莊華堂．葉蒼秀．游鋇安．鍾順文．王秀蘭．陳素真．潘榮禮．蕭燕

敬愛的藝文界朋友：

「菁彩三十．風華相會」，九九重陽「文藝雅集」今年是第三十次舉辦，能延續這麼多年，有賴各位藝文人士的厚愛及共同參與。今年，我們同樣安排巧思創意，豐富活動內容，最重要是有您的出席，也藉此與文友們共度午後文藝好時光。活動謹訂於10月17日（星期三）上午11點，在臺大醫院國際會議中心，庭園會館201宴會廳舉行，竭誠期待您的蒞臨。

「文訊關懷列車」熱情不變，動力盈滿，年中即全面啟動，替大家探望幾位因年事或身體狀況，無法親臨與會的資深前輩，於會場播放探訪珍貴影像，讓老友時刻相聚。

今年同樣為各位來賓安排桌次，因場地容納有限，為確實掌握出席人數，將活動籌備得更好，敬請協助填妥回函，於9月3日前以電話、傳真或郵寄方式回覆。我們將在10月1日前奉寄桌次表及活動會場地圖，以待光臨。

至謝，並誠摯期待您的回覆。

文訊雜誌社　敬邀

菁彩三十 風華相會

一次相逢，萬千感動，文藝創作美好路徑，
我們有時獨行，有時攜手並進，總不忘九九重陽金秋送暖時節，共聚一堂，
分享年來彼此各自歷經的生活點滴，笑談總也說不盡的往事陳年，
為的是看見彼此的歡顏，祝福文友們安康喜樂，
邀請您，為這第三十次的聚會，舉杯慶賀！

九九重陽文藝雅集

時間：2018年10月17日（三）11：00～13：30
10：00開始報到
地點：臺大醫院國際會議中心
庭園會館二樓201廳．台北市徐州路2號

作家影棚

當天現場川堂設置專屬拍照區域，讓您與好友們留下美好的相聚回憶，由專業攝影師，為您停格美好片段。

王愷．繪圖

△十月十八日 星期四 公務員協會理事長李來希演講

與台大退聯會多位老友，到師大體育館「金牌講堂」聽李來希演講，現場有胡義翔散發一篇短文，〈這個政府辜負了軍公教〉。

這個政府辜負了軍公教(胡義翔 2018-03-19)

一次又一次的年金改革，讓軍公教人員的退休金，一次又一次地減少；一次又一次的年金改革，讓軍公教人員，一次又一次地遭到羞辱與指責，人人喊打，猶如過街老鼠！當年國家在風雨飄搖的時刻，軍公教人員不離不棄，堅守崗位，換來卻是責罵與大砍退休金。這樣回報對嗎?!這是正義嗎?!這是合情合理嗎?!這個政府真的辜負了軍公教！

一次又一次的年金改革，一次又一次地腐蝕軍公教人員對政府的忠誠與信任；一次又一次的年金改革，政府一次又一次地撕毀自身的信譽與承諾！政府毀棄法規對軍公教的承諾，大幅刪減軍公教退休金，並溯及既往。有的生效十年或以上的法定權益，亦無一倖免。人民權益毫無保障，猶如白色恐怖！這是合法嗎?!太霸道太威權了！太讓人生氣了！這個政府實在辜負了軍公教！

一次又一次的年金改革，讓軍公教人員，一次又一次地遭到鬥爭與清算；一次又一次的年金改革，一次又一次地造成社會對立與紛爭！沒想到在這號稱自由民主的台灣，卻以共產主義的均貧理念與方式(將軍公教退休金拉低與勞工接近)，來進行改革；也料不到僅能溫飽的軍公教，竟然成為被鬥爭的對象！這實在太荒謬了！太離譜了！太超過了！這個政府太辜負了軍公教！

這是一個不仁不義的邪惡政府！

這是一個無法無天的非法政權！

這是中國歷史種種惡因（滿清至今）所造成的惡果！

這是一個背逆中華文化的「偽政權」！

這是炎黃子孫所出現極少數的敗家子孫！

這是中華民族的敗家子、敗家女！

「台獨偽政權」的邪惡述不盡！台灣人乃至中國人必須承擔的「共業」！

△十月二十四日　星期三　參加台北市銀髮協會成立

陳淑貞成立「台北市長青銀髮協會」，在吉河路「台南海鮮」擴大舉行，現場熱鬧滾滾，一個純老人家的世界。

百餘老人家快樂餐敘，老友彭正雄、楊長基、俊歌、吳信義、陳美枝、蘭觀生、趙叔鏗、蔡享民等都到了。另全統會也來了很多人。

△十月二十七日　星期六　當選新詩學會理事

在文藝界混了一輩子，詩壇是文壇大圈圈中的小圈圈。光是現代詩這一塊，台灣至少有幾十個小圈圈，每個圈圈自成一個宇宙，各宇宙間沒有「蟲洞」。

綠蒂，在台灣詩界有很大名氣，算是詩界官方領航人。他為辦詩刊賣了房子（聽說），愛詩愛的瘋了！

多年來和綠蒂每年有餐敘，也有不錯的友誼，文協若沒有他，可能老早關門了。明年計畫寫一本《綠蒂現代詩研究》。

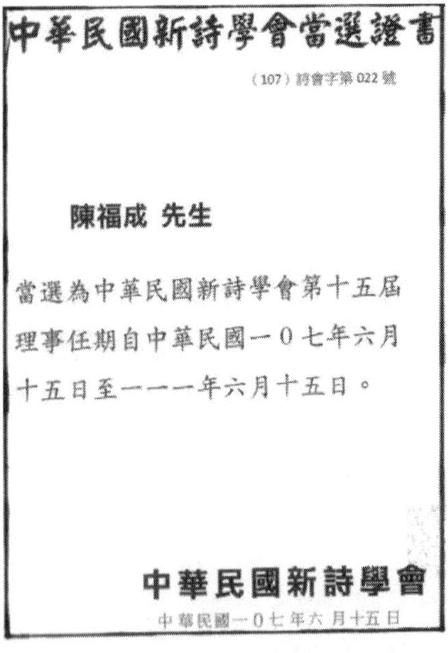
中華民國新詩學會當選證書

（107）詩會字第 022 號

陳福成 先生

當選為中華民國新詩學會第十五屆理事任期自中華民國一〇七年六月十五日至一一一年六月十五日。

中華民國新詩學會

中華民國一〇七年六月十五日

△十月三十一日　星期三　日子過得好快

又一個月要結束了，一天一週一月過得好快，慶幸自己每隔一段時間，都有某些功課完成，人生走過的都留下記憶的腳印。

每天都有很多負面訊息，台獨政權那幫邪惡土匪又幹了哪些壞事，兩年來給全民太多惡感，這次在下月的選舉從各種徵候判斷，獨派匪幫極可能「兵敗如山倒」，全島成藍天，大快人心！

△十一月四日　星期日　參加佛光山台北教師分會年會

身為佛教徒，今年全年都沒有到道場一次，也沒有參加本山任何活動，說來是不該。今天是一年才一次的年度大會，無論如何，一定要參加。數日前，先已約了信義、俊歌二位師兄，一起準時前往道場報到。

現場一片熱鬧，全是女人的聲音，有零星幾位男性，萬紅叢中一點綠。我想，未來成佛者，恐多女生而沒有男生。

現任會長古苓光，她可以說是全職奉獻者，時間心力都放在佛光山，可敬！可佩！

國際佛光會中華總會 台北教師分會邀請函

親愛的夥伴們：吉祥！
謹訂於107年11月04日(星期日)
上午8點30分開始報到，上午09:00-12:00假佛光山
台北道場（台北市松隆路327號6樓法雲堂）
舉行107年度會員大會。
敬請　撥冗蒞臨　　同霑法益
耑此　敬祝

忠義傳家
諸事吉祥

會長 古苓光暨全體幹部 敬邀
107年10月15日

△十一月十日　星期六　台大校慶月　在校門口值班

一年一度的校慶月，秘書室志工在大門口值班，我每年都登記這項值班，僅在校門口坐一坐。

其實校門口值班沒啥事，看人來人往，有老有少有小朋友，和小朋友說些閒話：「小朋友！長大讀台大！」大人歡心，小孩高興，自己也開心！

看最近台獨邪派的態勢，距離滅亡大概不遠了。在未亡之前必有一些掙擰可怕的迴光，照在這次選舉的每個會場，群魔亂舞，這是滅亡前的亂局！

△十一月十一日　星期日　參加天成飯店早餐會

從這月開始，「全統會」在天成飯店每月一次早餐會，我參加這開始的第一次。有近三十人，大家邊吃邊聊，都是統派的老人家，一個愉快的上午。

△十一月十二日　星期一　參加校慶晚會

一年一度的台大教職員工社團校慶晚會，每年我們「退職會」都得到績優獎，今年也是。各社團都有節目表演，肚皮舞社、排舞社．．．還抽到一個不錯的獎，不鏽銅鍋！

△十一月十四日　星期三　死，誰不怕死？

人生，都在日日向死亡邁進！眾生任何人都無力抗拒，可以免死！所以理論上是人人都怕死！

至少有十年沒有體檢，並非不怕死，只是沒有放心上。最近到三總看皮膚科，醫生建議做糞便檢查，順便就做了，現在寄來檢查結果，沒問題也放心不少！

說到誰不怕死？反躬自問，應該是「可以面對、可以克服」。身為佛教徒，《金剛經》、《地藏菩薩本願經》、《心經》都用心讀了註釋本，「隨業流轉」是我的基本心態，「業」流到哪裡都是因緣造成。

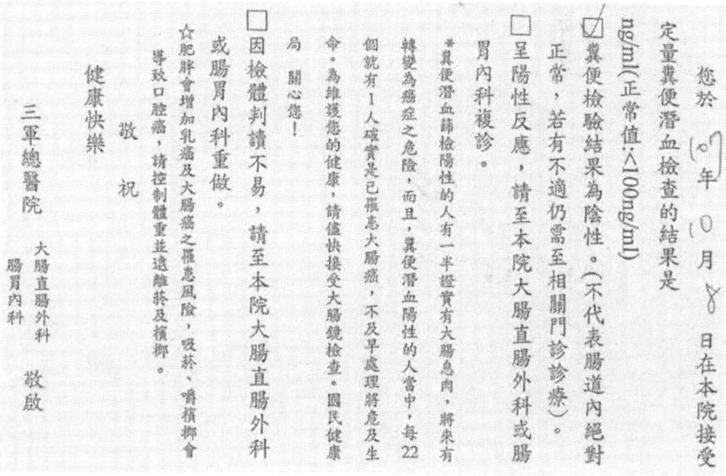
您於 107 年 10 月 8 日在本院接受

定量糞便潛血檢查的結果是

ng/ml(正常值:<100ng/ml)

☑糞便檢驗結果為陰性。(不代表腸道內絕對正常，若有不適仍需至相關門診診療)。

□呈陽性反應，請至本院大腸直腸外科或腸胃內科複診。

※糞便潛血篩檢陽性的人有一半證實有大腸息肉，將來有轉變為癌症之危險，而且，糞便潛血陽性的人當中，每22個就有1人確實是已罹患大腸癌，不及早處理將危及生命。為維護您的健康，請儘快接受大腸鏡檢查。國民健康局　關心您！

□因檢體判讀不易，請至本院大腸直腸外科或腸胃內科重做。

☆肥胖會增加乳癌及大腸癌之罹患風險，吸菸、嚼檳榔會導致口腔癌，請控制體重並遠離菸及檳榔。

敬　祝

健康快樂

三軍總醫院　大腸直腸外科　腸胃內科　敬啟

△十一月十六日　參加丘衛邦將軍大壽為丁守中造勢
在我陸官學生時代（民57—64），大名頂頂的軍人典範有兩位，孫大公（28期）和丘衛邦（30期），孫大公前年走了，丘將軍今天八十大壽，配合選舉為丁守中造勢。
《丘衛邦回憶錄》由文史哲出版社彭正雄為他出版，最近才在文史哲認識丘將軍（第一次面對面）。今天活動彭正雄、楊長基也參加了。

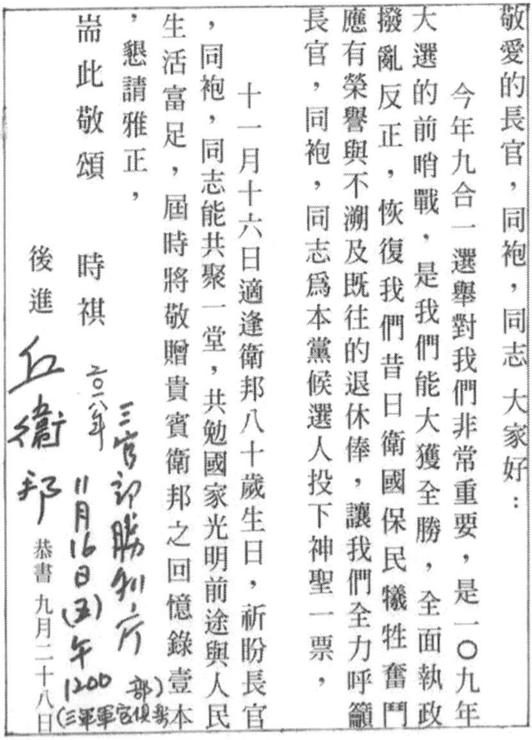
敬愛的長官，同袍，同志 大家好：

今年九合一選舉對我們非常重要，是二〇一九年大選的前哨戰，是我們能大獲全勝，全面執政撥亂反正，恢復我們昔日衛國保民犧牲奮鬥應有榮譽與不溯及既往的退休俸，讓我們全力呼籲長官，同袍，同志為本黨候選人投下神聖一票，

十一月十六日適逢衛邦八十歲生日，祈盼長官，同袍，同志能共聚一堂，共勉國家光明前途與人民生活富足，屆時將敬贈貴賓衛邦之回憶錄壹本，懇請雅正，

耑此敬頌

時祺

後進 丘衛邦 恭書 九月二十八日

二〇一八年 三官訓勝利廳 11月16日(五)午1200 (三軍軍官俱樂部)

△十一月十九日　星期一　到「八百壯士協會」看王忠義

今天上午到位於成都路的「八百壯士捍衛中華協會」，拜訪擔任副理事長的王忠義同學。一些退伍軍人和夫人們在這裡守著，全是志工，真很感動！

△十一月二十一日　星期三　再到「八百壯士協會」

白天有點空，再到位於成都路的「八百壯士捍衛中華協會」，見梁又平等幾位同學，積極在為大家處理訴願問題，叫我也參加，也拿了資料。但我回來並未處理，覺得也是白做工。

△十一月二十四日　星期六　妓女領導的爛黨兵敗山倒

「九合一」大選，晚上一群朋友在范揚松餐會上夯翻天，喝酒唱歌，看選舉結果。由妓女所領導的大爛黨兵敗如山倒，被「韓流」滅頂，台獨黨再搞下去，便是台獨末日。

△十一月二十五日　星期天　重現藍天　綠營慘敗

原來多數人民眼睛還是雪亮的，還是有理性判斷力，對台獨爛兩年惡政，給牠們最大的警告，等於否定大爛黨所有的政策。

看看這張「大翻轉版圖」，心中說不盡的爽！爽！爽！好幾位老友邀約喝酒慶祝，大家有共識，2020 用持續的「韓流」，消滅民進黨！消滅台獨！

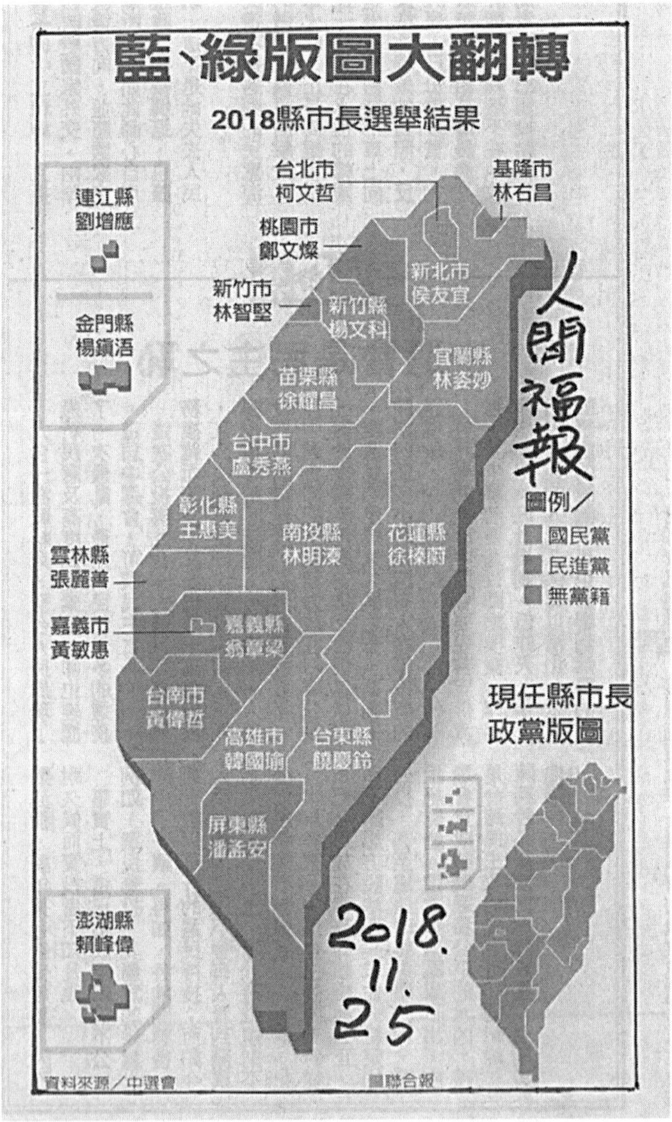

△十一月三十日　《遠望》雜誌，張忠謀是科技巨人、國族侏儒

十一月的《遠望》雜誌，有一篇文章，〈科技產業的巨人，國族大義的侏儒：張忠謀該做、能做、沒做的事〉，作者是程志寰。（二〇一八年十一月號，頁一五一—一八）

講的太對了，張忠謀為台獨效命，他已成中華民族的罪人，他未來必受到批判。他只是一個「有體無魂」的科技人，對兩岸和平沒有貢獻，卻是分裂國家民族的幫兇！

△十二月二日　星期天　我支持的人上榜了

我支持的人，耿葳上榜了，票數雖不高，選上就好，希望她能發揮一些統派的戰力，共同在二〇二〇消滅民進黨！

這個由「東廠」和台獨思想組成的大幫派，太可惡了！騎在人民頭上灑尿拉屎，可痛是還有很多白痴，中毒太深，以為台灣真能獨立！以為美國人可

聘書

茲敦聘 陳福成 先生/女士 擔任市議員參選人 耿葳 競選台北市第13屆市議員競選總部 顧問，祈請全力輔選勝利成功，敬頌此狀

榮譽主任委員　吳敦義
名譽主任委員　金恩慶
賴士葆
蔣乃辛
蔣萬安
厲耿桂芳

第十三屆臺北市議員候選人耿葳競選總部印

中華民國一〇七年九月

靠，看兩岸及國際態勢，統一是不遠了。

△十二月三日　星期一　「黃昏五老」華國飯店小聚

「黃昏五老」是吳信義、彭正雄、楊長基、俊歌和我。大家約定每人生日前請大家小聚，這次是信義，他十二月生，在坐尚有林素銀和彭姓女生。

△十二月四日　星期二　台大退聯會會員大會

一年一度的會員大會，大約一百五十多人在第一會議室熱鬧一個上午，由我擔任大會執行長，十多位組長和志工準備了一個多月，總算圓滿完成。

這次大會重點是重選理監事，投票結果，理事當選名單：何憲武、許秀錦、楊華洲、陳美枝、周宜樺、林映月、丁一倪、張靜二、林意婷、史靜玉、王本源、劉鵬佛、楊盛行、郭文夫、吳素心。候補依序有：陶錫珍、陳昌枏、陸雲、王金和、杜震華。

監事當選：陳志恒、方祖達、邱淑美、梁乃匡、黃光國。候補：曾萬年、連雙喜。

△十二月五日　散步聽一婦人說：嚴凱泰死了，他怎不死？

上午例行公事，到新店溪邊走路，遇到常見一婦人「梅姊」，她說：嚴凱泰死了，李登輝為什麼還不死？還在禍害台灣？……

像嚴凱泰這樣的好人，為什麼五十四歲死了？像李登輝這樣的惡人為何長命？還享受榮華富貴！為何？唯佛能知吧！

晚上到台大博雅館，參加「台大登山會」年度會員大會，我今年成績「及格」。

△十二月七日　星期五　文壇上兩掛人馬的碰撞

范揚松邀約文壇上兩掛人馬，晚上在天然台餐館餐敘。與范同掛者有吳明興、方飛白、曾詩文等6人；與彭正雄同掛者，有莫渝、林錫喜、鄭雅文、許其正、陳寧貴。我和兩掛都同掛，算中間穿線人，席間火花四射，沒有火災。

△十二月十一日　星期二　東廠倒了，歷史性的紀念日

東廠倒了！這麼重要的歷史性紀念日，怎能不留下一點文字或圖像，給後世的人當警示！

原來「台獨政權」的本質，就是一種「東廠心態」。大家應該要知道，

「東廠」之人都是沒雞雞的，男不男，女不女。這樣的「人形獸」，掌握了政治大權，是多麼可惜！會成為怎樣的邪惡！

東廠雖倒了！但尚未被完全消滅，「斬草不除根、春風吹又生」。所以，現在社會上有一種氣氛，二〇一八年台灣最大黨是「討厭民進黨」，二〇二〇年則是「消滅民進黨」，就同時消滅了東廠。

今天也參加台大退聯會第十二屆理監事選新理事長，我以名譽理事身份觀禮。新理事長是楊華洲，監事主席是陳志恒。

△十二月十三日　星期四　台大秘書室志工餐敘

台大秘書室志工（新月台、導覽、聯合服務中心），共有志工五十多人，平時各自輪班，志工很少有碰面機會，也少有私下交流。

幾年前為使志工有聯誼機會，我每半年邀約一次餐敘，偶爾也到郊

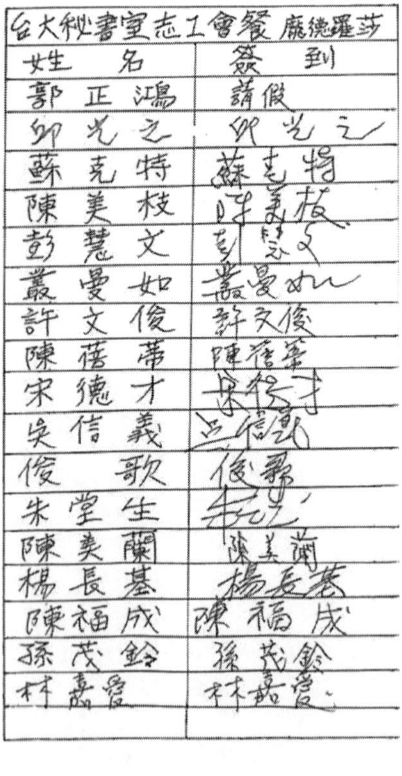

台大秘書室志工會餐　龐德羅莎

姓名	簽到
郭正鴻	請假
邱光之	邱光之
蘇克特	蘇克特
陳美枝	陳美枝
彭慧文	彭慧文
叢曼如	叢曼如
許文俊	許文俊
陳蓓蒂	陳蓓蒂
宋德才	宋德才
吳信義	吳信義
俊歌	俊歌
朱堂生	朱堂生
陳美蘭	陳美蘭
楊長基	楊長基
陳福成	陳福成
孫茂鈴	孫茂鈴
林嘉愛	林嘉愛

外「遠足」。應該有五、六年了，每次聚會十至二十餘人，大家培養了很好的交誼。

這群常參加聚會的志工，年紀較長應該是孫茂鈴大姊。每次聚會大家都很開心，基本上我們都已經是老人家，能快樂過日子最重要。

△十二月十六日　《馬英九回憶錄》：太陽花這些罪人

我對馬英九「不統、不獨、不武」的政策，定位為「馬英九偽政權」，他對兩岸統一沒有貢獻。他老爸希望他「促統」，他顯然沒做到，他能做、未做，問題出在他的軟弱，也誤判很多情勢，很可惜！

現在他出版回憶錄，把太陽花學運定位為「那些讓台灣停滯不前的罪人」。太陽花那些人當然是罪人，但他不知道背後策動者是蔡英文嗎？這個妓女才是罪人中的罪人，整個台獨集團更是禍首！他的書有寫嗎？或是不敢寫？

馬英九在回憶錄中，對犯過的錯有所檢討，稱「任內所犯的錯，導致國民黨無法執政，也讓許多民眾在政黨輪替後生計困難，他屢屢自責……」那八年內他犯的錯可多了，他一度被定位為「亡國亡黨」之君，軍公教對他沒有好感。

也許，蔡英文該感謝馬英九，他若不搞垮國民黨，那爛女人哪有機會；

萬事難料，那爛女人又搞垮冥燼黨，九合一大選國民黨才大勝！

馬英九出回憶錄 忠告執政者

人間福報．2018.12.16.A2

【本報台北訊】前總統馬英九將出版《八年執政回憶錄》。馬英九表示，運籌決策千金之重，對於當年封存核四的原因，他還原並自省，也針對國家能源政策，對現在執政的蔡總統提出忠告。

馬英九說，他何其有幸，在台灣人民的信任下，有機會贏得兩次總統大選，但自己在任內所犯的錯，導致國民黨無法繼續執政，也讓許多民衆在政黨輪替後生計困難，他屢屢自責，甚至夜不成眠。

馬英九感恩台灣社會厚待一個戰後新移民之子，對於接續發生的太陽花學運，回憶錄中定義爲「那些讓台灣停滯不前的罪人」。他在序中表示，太陽花學運把好不容易簽署的兩岸服貿協議冷凍至今，傷害台灣經濟發展大局，誤國之深，爲害之烈，最令他痛心遺憾。

《八年執政回憶錄》由馬英九口述、總統府前副祕書長蕭旭岑執筆。資深記者出身的蕭旭岑表示，這本書是負責任政治家的反省，絕對忠於事實，沒有文過飾非，忠實記錄八年執政，提供未來反省。

△十二月十八日　星期二　彭正雄：《華文現代詩》要辦下去

《華文現代詩》這個刊物，在彭正雄的出錢出力下，他堅持再辦下去，他說：這是面子問題。

最近這幾個星期，碰到林錫嘉和他談「假如要停辦」，私下也和彭公談了多次，按主客因素，我是建議彭公停辦，但他思考的結果，決定再辦下去。他說再辦三年停刊，至少好看些，這是面子問題。

△十二月二十日　星期四　同情這位現代「楊貴妃」

唐湘龍把吳音寧形容為現代「楊貴妃」，真是神來之筆，超絕的。顯然，「吳流」也是擊垮台獨爛黨的強大力量，否則為何她成了「頭號戰犯」，綠營必「殺」之而後快！

「吳家有女初長成、養在深閨人未識」，她未到北農誰知她是阿花或阿枝？因爸爸的關係「一朝選在君王側」。結果有如楊貴妃情境，安祿山造反，軍隊打敗仗，國政腐敗，都是楊貴妃的錯。

吳音寧，父吳晟，母莊芳華。都是分裂族群的能手，什麼都不會，搞台獨搞分

我也同情她！
2018.11.30
聯合報
在北農527天的日子 畫下句點

裂國家第一名。文壇上小有名氣，終究是中華民族的敗類、不孝子孫，危害兩岸的台「毒」。

△十二月二十五日　震驚全球兩件事是同一回事

今天有兩件震驚全球的事，一是民進黨終於同意台大管中閔校長的任職，這是他們在做「止血」工作；另是韓國瑜就職，兩件事都轟動世界，我看來是同一回事，卻牽動著無數的糾纏。至少有以下各層面：

◎中國人 VS. 非中國人。

◎統派 VS. 獨派。

◎親中派 VS. 親日派。

◎親中派 VS. 親美派。

◎國民黨 VS. 民進黨。

◎藍 VS. 綠。

◎蔣公的功 VS. 過。

◎封閉 VS. 開放。

◎富 VS. 窮。

◎產官學利益糾纏。

教育部昨決定聘管中閔為台大校長後，引起綠營內部紛爭。圖為「還我校長－台灣教育不能等」記者會，管中閔低調坐在台下。　本報資料照片

還有，民主政治的問題很大，贏者通吃嗎？台獨派看到管中閔與韓國瑜上台了，他們必然開始佈局「反攻」；其中有意識形態、利益、權力的糾纏，好戲在後面。

統派一顆巨星誕生了，韓國瑜，預料他未來對兩岸有重大貢獻。尤其對國家統一，他的貢獻會超過統派所有人，這是可預期的。

時勢造英雄，英雄也創造時勢；中華民國有機會誕生，是來自滿的腐敗；「韓流」之形成，台獨的墮落給他創造機會，他握住了機會，只有他能！

△十二月二十六日　昨天韓國瑜就職，韓流的內在力量

昨天韓國瑜就職，如同他的就職演說「轟動武林、驚動萬教」。不光是全台灣媒體，可以說全球媒體都聚焦到高雄愛河的典禮現場，商機來了，高雄很有可能真的成為「全台首富」。

「韓流」力量從何而來？除了前面十多項客觀環境的糾纏。在韓國瑜自身發出的「內力」，主要是他的真誠確實接了「地氣」，打動了市民的心，知道市民迫切需要的是什麼？

還有一個原因，韓國瑜在使用「庶民語言」極為成功，甚至被人編成「韓語錄」。他的出現天時地利人和都好，他真是奇才，也算是我陸軍官校之光吧！

高雄市長就職典禮昨天在愛河舉行，新任市長韓國瑜搭船進場向民眾揮手。　圖／劉學聖

△十二月二十八日　彭雅雲：陳老師還有什麼願望？

最近文史哲出版社彭雅雲小姐突然問我：「陳老師，對未來你還有什麼願望？對孩子有什麼期待？」在出版社閒聊，彭小姐這麼一問，我略為回答。

年輕時代有很多願望，現在四捨五入七十了，不敢有願望，一切隨因緣走。如果還有願望，就是能持續寫作，以寫作充實黃昏的人生歲月，對生命也不期待，「隨業流轉」而已。

對孩子也不期待，上一代（我小時候）父母對孩子可以有期待；現代則不能有期待，只能說時代潮流不同了。有期待必有失望，現代的小孩不受教，而且造反有理。喜歡走自己的路，搞自己的事！

△十二月二十九日　獨派為什麼不繼續「卡管」？

今天的報紙說，管中閔確定明年元月八日上任台大校長。幾家歡樂，幾家愁！獨派和一群蔡女們養的台大職業學生，問他們有幾多愁，「洽似一江春水向東流」！

統派當然是歡樂，因為「卡管」一案，至少在這次九合一大選中，讓獨派流失數十萬票，這是統派勝選原因之一。所以，我還希望牠們持續卡管下去，卡到二〇二〇消滅民進黨為止！

教育部正式發函台大

管中閔 1月8 上任校長

人間福報 2018.12.29.A2.

【本報台北訊】教育部昨天正式發函台大，確定管中閔的上任日期是明年一月八日，「任期四年至民國一一二年的一月七日為止」。另外，台大學生之前提起的三件訴願案，行政院訴願審議委員會昨天作成「訴願不受理」決定，不會影響管中閔於明年一月八日就任台大校長。

台大校長遴選案糾結多時，教育部前部長葉俊榮本月二十四日召開記者會宣布「勉予同意」管中閔擔任台大校長，自己二十五日向行政院請辭獲准。

教育部於本月二十五日將正式公文送往台大，並收到台大回函，回覆安排管中閔於明年一月八日就任台大校長。台大校方昨天表示，已收到教育部同意管中閔上任的公文，目前正在安排進行中。

之前台大校方、管中閔及台大學生分別提出三件訴願案。教育部人事處昨天說，「作成行政處分前之程序處置」，認定公函並非行政處分，提起訴願依法未合，因此決定不受理。

△十二月三十一日　星期一　二〇一八的回顧

這一年過的很充實，光是完成出版的書有十幾本。《華文現代詩》「點將錄」九本同時出版，另有《暇豫翻翻《揚子江》詩刊》、《我讀上海《海上》詩刊》、《范蠡致富與學習》、《光陰簡史：我的圖像回憶錄現代詩集》、《光陰考古學：失落的圖像現代詩集》、《我讀北京《黃埔》雜誌的筆記：為兩岸黃埔人建一座小橋》。今年出版十五本書。另一本早在十月完稿，《天帝教第二人間使命：上帝加持中國統一的努力》，因文史哲出版社人手不足，要到明春才能出版。

回顧這一年，「我寫故我在」，也給自己一個夢幻浪漫。「明月幾時有？把酒問青天‧‧‧何似在人間」「不應有恨」「月有陰晴圓缺」，人間和人生都是無常，能走到二〇一八最末，邁向二〇一九，是值得感恩的良緣！感恩老天爺！

△今年共有十五本書出版。

民國一〇八年（二〇一九）六十八歲

當作家

很多人說提筆千斤重
寫作比生孩子難
其實作家就是坐家
靜心坐在家裡自然成作家
我一坐五十年如入定
文思詩靈
如火如浪　如夢如幻
你的國土寬廣
不思議！不思議！

愛，依然原始

我們保持著原始的愛
與老祖同步同行
我總會找到回家的門
門自動敞開
人臉識別很早就有
家就是這麼自然
在一次又一次的回家中
我在門口頂禮膜拜

△元旦——十三日 只有一件大事可記載

時間從什麼時候開始的？按霍金（Stephen William Hawking）說，從大爆炸開始，一百多億年了，現在正走到二〇一九年開始。元旦到今只有一件大事：台大有校長。

但每年元旦，大陸領導人總會向台灣同胞發表談話，今年習近平提出「習五點」：

㈠攜手推動民族復興，實現和平統一目標。
㈡探索「兩制」台灣方案，豐富和平統一實踐。
㈢堅持一個中國原則，維護和平統一前途。
㈣深化兩岸融合發展，夯實和平統一基礎。
㈤實現同胞心靈契合，增進和平統一認同。

菜如何反應？當然一味反對，看這中華民族敗家女還能支持多久？她遲早成為統一之「戰犯」，未來會死得很難看！

元月八日台大新校長管中閔上任，典禮在第一會議。八點多已人山人海，有如韓國瑜就職大典，現場拍兩張照片放此紀念。

△元月十六日　近日新聞：賴匪下台　蘇匪上台

多日以來，新聞報導：賴匪清德下台，蘇匪貞昌上台。還有敗軍之將陳匪其邁（貪污犯之子）、林匪佳龍（倭人孽子）等人都升官了！走了一群狗，來了一票犬，局面不會變。台獨這群豬用「民粹主義」綁架人民，背叛全中華民族，真是台灣人的共業！

△元月二十一日　大陸湖南前副部長孫清祥50則寶訓

今天這位前湖南省副部長孫清祥，七十二歲了，傳來50則人生寶訓，比讀一輩子書有用，深值留下，好經常提醒自己：

1蜘蛛：能坐享其成，靠那張關係網。
2蝦：大紅之日，即大悲之時。
3天平：誰多給一點，就偏向誰。
4瀑布：因居高臨下，才口若懸河。
5鋸子：伶牙俐齒，專做離間行為。
6氣球：給人一吹，便飄飄然了。
7鐘錶：可以回到起點，卻已不是昨天。
8核桃：沒有華麗的外表，有充實的大腦。

9 指南針：思想穩定，東西再好也不被誘惑。

10 花瓶：外表再漂亮，也掩不住內心的空虛。

11 你永遠不會知道，明天和意外誰先到。

12 人生數十載，最要緊是滿足自己，不是討好別人。（這句有待商榷，都為滿足自己也不好）

13 鐵飯碗真義不是在一處吃一輩子，而是一輩子到哪有飯吃。

14 真壞人不可怕，可怕的是假好人。

15 被恨的人沒有痛苦，恨人的人會傷痕累累。

16 人之所以活的累，是因放不下架子，拿不開面子，解不開情結。

17 小時候幸福是簡單的事，長大簡單是幸福的事。

18 婚姻不是1加1＝2，而是0.5加0.5＝1。

19 夫妻倆過日子要像一雙筷子，不能分離，同甘共苦。

20 面對生活，要有最好的準備，也有最壞的打算。

21 所謂門檻，過了是門，沒過是檻。

22 有三物別人搶不走，吃進胃的食物，心中夢想，讀入心的書。

23 人要有三平心態，平和、平穩、平橫。對自己要從容，對朋友要寬容，對事情要包容，才能活得開心。

24 人生第一個青春是老天給的，第二個要自己努力。
25 一個人的快樂，不是因他擁有多少，是因他計較少。
26 昨日是一張廢棄的支票，明天是未到期的存款，只有今天是你可以支配的現金。
27 揮不去的是記憶，留不住的是年華，拎不起的是失落，放不下的是情感，輸不起的是尊嚴。（這些也有程度上的差別）
28 父母想念子女如流水，一直在流；子女想念父母如風吹落葉，風吹一下動一下，風不吹不動。
29 世上有兩件事不能等，孝順和行善。
30 生氣是拿別人做錯的事來懲罰自己。
31 凡是小事都要大聲說，凡是大事都要小聲說。（這句有待商榷，視狀況而定）
32 勢不可使盡，福不可享盡，便宜不可佔盡，聰明不可用盡。
33 權力是暫時的，財產是後人的，健康是自己的。
34 身安不如心安，屋寬不如心寬。
35 人生不能事事盡如人意，但求無愧己心。
36 想掙錢的人不少，能掙到錢的人不多。有本事的人掙錢都難，一般人就更難。

37 錢像水一樣，沒錢會渴死，多了會淹死。

38 治學要耐得住寂寞，做人要經得起風雨。

39 用最少的悔恨面對過往，用最少的浪費面對現在，用最多的希望面對未來。(有待商榷)。

40 愛情之酒兩人喝是甘露，三人喝是酸醋，隨便喝就是毒藥。(但這世間也有少許例外)

41 人活一世，親情、友情、愛情三者缺一，已是遺憾；若三者缺二，實在可憐！三者全無，生不如死。

42 超過別人一點點，別人嫉妒；超過很多別人羨慕。

43 全部可以交易的是市場，不能全部交易的是社會。

44 十種健康生活方式：少食肉、曬太陽、雨中行、常唱歌、飯後息、挺起胸、靜坐思、天倫樂、步當車、行善事。(有例外、有程度)

45 是非天天有，不聽自然無。

46 兒孫自有兒孫福，莫為兒孫做遠憂。

47 在成長中成熟，在成熟中衰老。順應自然，笑待人生。不要早熟，也不要早衰。

48平安是幸，知足是福，清心是祿，寡欲是壽。
49超越死亡三原則：不要尋死，不要怕死，不要等死。（中國古人的三不朽較積極而有用，吾已得其一，立言，留下一百多本書夠了！）
50超越生老病苦三原則：活得自如，病得快樂，老得自然。（若按佛法修行到無老死，就更超越）

以上50則人生寶訓，讀十車書也未必懂。雖有少許因人而異，或時空背景不同有程度程別，多數很有價值，放在日記常常看，警示自己。

△元月二十四日 星期四 台大秘書室志工研習會

今天全天是台大秘書室志工研習，除課程外，有頒發感謝狀和重選隊長。我已擔任二屆隊長，所以在會上提議改選女生擔任並年輕化。選舉結果，莊慧君小姐當選新隊長，她要我擔任執行長，欣然從命。

今天參加研習志工大約八九成都到了，有：孫洪法、王曼思、孫茂鈴、陳美玉、郭麗英、嚴麗君、陳美秀、許璨之、蔡芸娜、謝玉美、游含笑、叢曼如、郭正鴻、許文俊、許詠婕、陳美蘭、于慧貞、吳元俊、鄭丹楓、陳蓓蒂、朱堂生、吳信義、劉秋娥、王淑孟、郭耀東、吳宗男、李薰薰、高照真、劉宏仁、陳瓊娥、楊美蘭、莊慧君、彭慧文、蘇克特、陳億禎、鄭美娟、邱光之、呂麗雪、和老夫我，數十人。可能還有臨時跑來參加的，今天也同時報告「志工遠足」時間地點，訂在二月二十日貓空一日遊，一公告就有十多人報名。

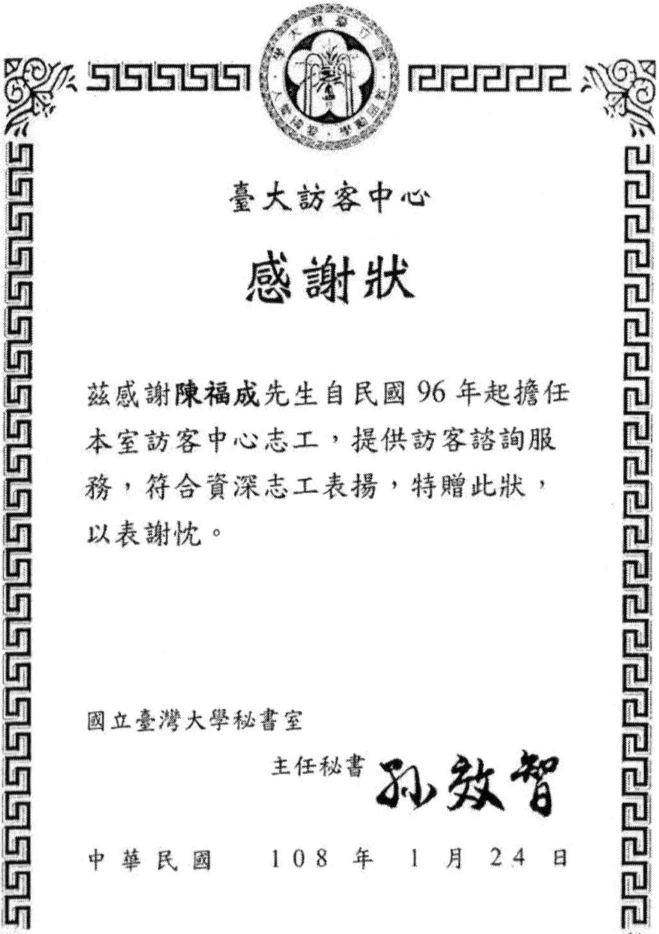

臺大訪客中心

感謝狀

茲感謝**陳福成**先生自民國 96 年起擔任本室訪客中心志工，提供訪客諮詢服務，符合資深志工表揚，特贈此狀，以表謝忱。

國立臺灣大學秘書室

主任秘書　孫效智

中華民國　108 年 1 月 24 日

△元月二十七日　和台大登山隊走三角埔頂山、青龍嶺

這條路都是階梯，但風景好、空氣好。約四十多人，我們從迴龍進桃園龜山區，沿山路步道走，經武器公園到埔頂山、青龍嶺，與俊歌同行，愉快的一天。

△元月三十一日　《遠望》雜誌：去中國化就是去人性化

這期的《遠望》雜誌（封面如附印），有黃國清的〈去中國化就是去人性化：解構台獨文化鬥爭的手法與後果〉一文。讀之深有所感，也覺得合於事實所見。

事實所見，是指台灣社會在台獨思想洗腦之下，年輕一代的倫理道德觀已然接近不存，把中國文化當成個屁，自己的兒子亦如是。時代悲歌，也是人生極大遺憾。

中國文化是什麼？不外就是禮義廉恥、忠孝仁愛信義和平，所以管仲言：「禮義廉恥，國之四維，四維不張，國乃滅亡。」民進黨的教育部要求各級學校拿掉「禮義廉恥」四字，據聞北一女和建中抗拒。

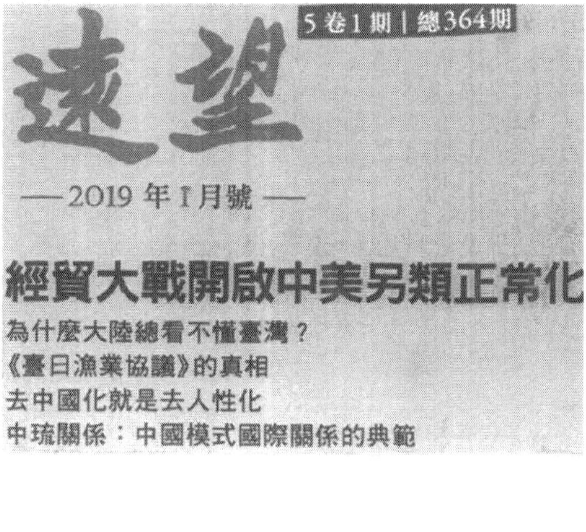

從蔡女所用的這些漢奸土匪們的行為看，「去中國化就是去人性化」真沒錯，都去中國化吧！這南蠻台灣就禽獸比人多！

△二月四日　星期一　除夕、立春　鼕鼕鏘鏘過新年

春節，行禮如儀的過了，每天生活都很規律，走路、散步是每日和太太的固定功課。倒是那首很夯的「春節歌」讓人感受春節氣氛，可能已成中國春節的代表歌曲，「恭喜恭喜恭喜你呀！恭喜．．．」

陳歌辛，生於一九一四年，江蘇人，與黎錦光被視為中國流行樂壇成熟期的傑出者。陳歌辛的名作還有〈永遠的微笑〉、〈鳳凰于飛〉、〈夜上海〉、〈玫瑰玫瑰我愛你〉(有英文詞也流行：Rose, Rose, I Love you.)、〈蘇州河邊〉、〈西湖春〉、〈薔薇處處開〉、〈海燕〉、〈漁家女〉、〈忘憂草〉等。

這些名歌有很多巨星唱過，周璇、姚莉、李麗華、龔秋霞、李香蘭（她是倭國人，戰後回倭國當了民意代表）。

台灣沒有代表性的「過年歌」。倒是簡上仁的〈正月調〉以前常聽到：「初一早，初二早，初三睏到飽，初四接神，初五隔開，初六挹肥，初七七元，初八完全，初九天公生日。初十吃食，十一請子婿，十二請查某子返來吃泔糜仔配芥菜。十三關老爺生，十四月光，十五元宵

暝。」

裡面有很多民俗故事。例如「初五隔開」，意思「新正」，到這天結束，各行各業在這天「開張大吉」，恢復常態。

△二月十日　星期日　天氣好　參加台大登山會新春開登

每年春節後，台大登山會有個「春節開登」，走到終點站每人領一百元紅包，每年都有上百人參加，今年也是。從永寧捷運站走到承天禪寺再上去的山，信義和俊歌也到了。

△二月十二日　星期二　天晴　退聯會祭祖、管校長團拜

祭祖，除了天帝教在傳揚祭祖活動，我想不起現在台灣還哪裡在「祭祖」。（天帝教的祭祖大典很隆重，可詳見我兩本研究天帝教的專書。）

我在擔任台大退聯會理事長時，試著辦了

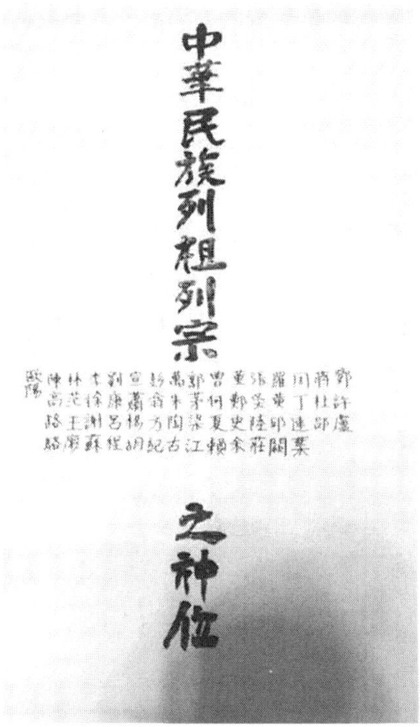

一次。現在楊華洲當理事長，大家同意今天祭祖，由我起草祭文寫神主牌，行禮如儀，一個最簡單的祭祖。

今天也是春節後的例行團拜，上午十時在校本部第一會議室，由管中閔校長主持。氣氛很好，顯示大家對新校長很支持。

臺灣大學退休人員聯誼會二〇一九年春節祭祖告文

時維

公元二〇一九年（民國108年）二月十二日吉時，臺大退聯會第十二屆理事長楊華洲率理監事暨會員代表，在校本部辦公室祭拜我中華民族列祖列宗．我炎黃子孫自三皇五帝立基拓土，歷唐堯虞舜夏商周秦漢三國兩晉南北朝隋唐五代宋元明清中華民國中華人民共和國　我中國永在．勉懷列祖列宗德澤功業，謹以果醴茶點之儀，致祭於列祖列宗之堂前曰：

列祖列宗　熱功卓越　開宗始祖　拓疆建業
佈展神州　泰皇漢武　孔孟李杜　聖賢豪傑
立德立言　代代傳揚　至今兩岸　共謀和平
完成統一　泰維我祖　繼志不忘　謹陳果醴
來格來嘗　謹告

祭祖活動應該要好好宣揚，教育新一代，大家不要忘記自己是炎黃子孫，是中華民族，意義比清明掃墓重要。如果大家認清自己的血緣關係，相信社會不會有族群分裂、對立的問題。

△二月十四日　星期四　晴　黃昏六老生日餐敘

本來是「黃昏五老」（彭公、信義、基哥、俊歌和我），碰到有人生日的當月要餐敘。現在加一個台客，成了「黃昏六老」。

今天餐敍在華國飯店，出納小姐林素銀也是大家認識的老友了。今天又是情人節，她扮演大家的情人，讓餐敍氣氛更熱絡。現在孩子們都不會給父母慶生，老人家都得自己找尋快樂，讓生活有些色彩，尤其要主動走出去，人生需要有幾個好朋友。幾個就好，多的都是應酬。

△二月十八日　星期一　好佩服她！陳南廷

好佩服這位小姐，陳南廷。一個全盲的女人，竟然也遨遊了四大洲，只能以不可思議形容，佩服！深值在日記記一筆。

她還騎協力車、跑馬拉松，如何完成？她說善用道具，做好準備，就如此簡單。但地球上全盲的人，能走遍四大洲，也可能僅她一人。

她給人很多啟示，不論多麼困難，一定有辦法克服，只要你不放棄，真的！人生永不放棄。追求人生的意義，大於幸福美滿！

2019.2.18.一版　人間福報

眞人圖書

全盲陳南廷 遨遊4大洲

【本報台北訊】「眞人圖書」陳南廷（見圖／中央社）年少失明，沒有阻礙她遨遊世界。她走訪亞、歐、美、澳四大洲，騎協力車、跑馬拉松都不是問題，還善用錄音道具，讓旅行更有趣。

陳南廷是今年台北國際書展身心障礙聯盟展設的「眞人圖書」，她九歲因史帝文生強生症漸失視力，一年就全盲。

△二月二十日　星期三　台大秘書室志工貓空遠足

計畫已久的遠足，這十多人今天上午十時，要在貓空纜車站出口處集合。各自前往，開車、公車、纜車皆可，我是走路。約八點乘公車到政大校門口，沿後山路↓樟山寺↓魯冰花步道，不到十點就到集合點。

大約十點都到集合點，新領導莊慧君也到了，她是今年剛接我的志工隊長。大家沿樟樹步道，賞魯冰花，走到越嶺農園，夯到下午二時多才下山。

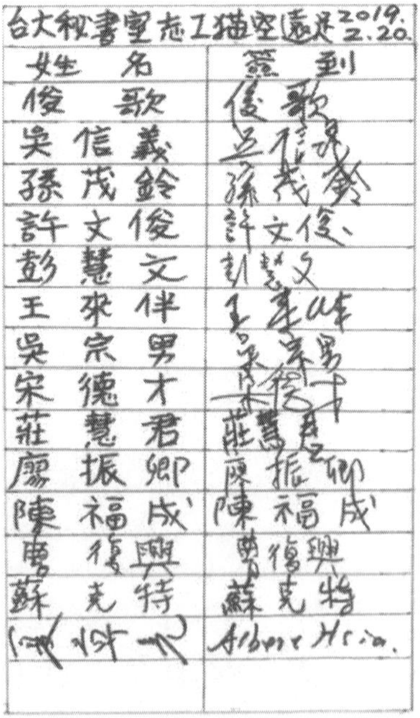

台大秘書室志工猫空遠足 2019.2.20.

姓名	簽到
俊歌	俊歌
吳信義	吳信義
孫茂鈴	孫茂鈴
許文俊	許文俊
彭慧文	彭慧文
王來伴	王來伴
吳宗男	吳宗男
宋德才	宋德才
莊慧君	莊慧君
廖振卿	廖振卿
陳福成	陳福成
曹復興	曹復興
蘇克特	蘇克特
[illegible]	Albert Hsia.

△二月二十八日　星期四　豬八戒紀念日

這一天已經成為豬八戒紀念日，只見一群否定自己血緣關係、踐踏自己文化、背叛自己祖宗的豬在吼叫，無重要事可記載。

△三月四日　星期一　托爾斯泰怎麼也找不到人生的意義？

列夫・托爾斯泰（Leo Tolstoy, 1828—1910），年輕時代讀他的《戰爭與和平》，隨意翻翻，感覺不是很深刻，最近看到他一些報導，感覺這位大文豪也好可憐，怎麼也找不到人生的意義，客死離家出走的半路上，給人不少疑惑。

他晚年想從東正教找到生命的意義，但他發現教會很腐敗，他便發展自己的哲學信仰，因而被逐出教會。他的「新信仰」必須捐出錢財，妻子當然是反對的，他飽受精神之苦，變得越來越鬱卒。一九一〇年十月，帶著女兒秘密離家出走，不久因病客死路上，實在是可惜與令人不解。

托爾斯泰除《戰爭與和平》，尚有《安娜．卡列妮娜》、《伊凡．伊里奇之死》、《復活》，都是名著。他有句名言：「每個人都想要改變世界，卻沒人想過要改變自己。」

△三月九日　星期六　杜鵑花節　台大校門口值班

每年台大杜鵑花節，志工都在正門口值班，三月雨天多，但人潮不減，只能以人山人海湧入台大校園來形容。為何有這麼多人湧入？不管他！

坐在校門口的服務台，回答一些問題。年輕人、小朋友、情侶等，一種奇異的景觀，讓你感覺年輕了起來！

△三月十一日　台灣　朝代敗亡之前夕　佞臣當道

回顧中國歷朝歷代之末年，三國、兩晉、南北朝、隋末、唐末……宋末、元末、明末、清末，今天的台灣，最像明末，簡直是明朝末年的第二版。大漢奸李登輝後的台獨政權、陳水扁政權、蔡英文政權，不僅佞臣當道，根本就是妖女土匪政權。而馬英九也

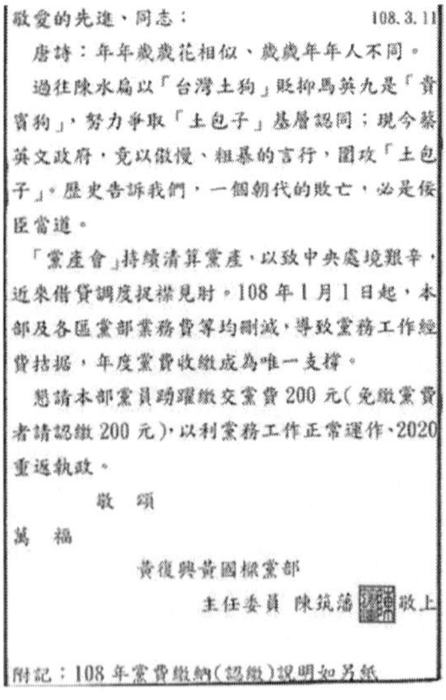

敬愛的先進、同志：　108.3.11

唐詩：年年歲歲花相似、歲歲年年人不同。

過往陳水扁以「台灣土狗」貶抑馬英九是「貴賓狗」，努力爭取「土包子」基層認同；現今蔡英文政府，竟以傲慢、粗暴的言行，圍攻「土包子」。歷史告訴我們，一個朝代的敗亡，必是佞臣當道。

「黨產會」持續清算黨產，以致中央處境艱辛，近來借貸調度捉襟見肘。108 年 1 月 1 日起，本部及各區黨部業務費等均刪減，導致黨務工作經費拮据，年度黨費收繳成為唯一支撐。

懇請本部黨員踴躍繳交黨費 200 元（免繳黨費者請認繳 200 元），以利黨務工作正常運作、2020 重返執政。

敬　頌

萬　福

黃復興黃國樑黨部

主任委員　陳筑潘　敬上

附記：108 年黨費繳納（認繳）說明如另紙

差不多是偽政權，他未來歷史定位，大約就是亡黨亡國亡族之君！

△三月十四日　星期四　欣見管校長陽光露臉

蔡所領導的「台獨政權」，動員所有無恥的伎倆，要「消滅台大、消滅管中閔」。經一年多，浪費無數社會資源，還是以慘敗收場，可恨這些人豬狗不如！

管校長終於上台了，這幾十天依然有被蔡女土匪收買的職業學生、職業教授等，還在反管、擾亂校園秩序。台灣真已成末世之亂了！

今天我在秘書室值班，閒來看報，看到這期《台大校訊》，一張管校長主持「校園徵才博覽會」大合照，大家看起來很陽光，剪下放此當紀念，也希望管校長從此以後無憂治校。至於台灣現在的妖女土匪之亂，不會太久。中國歷朝之末世大約數十年，偽政權之末世，當然就是我中國統一之日，中華民族復興之重大里程碑。

△三月十八日　彭正雄百萬布施　功在中國現代詩壇

《華文現代詩》要出第二十期了，這二十期所有的經費加上經常性的餐費，幾乎全是彭正雄一人承擔。估計至今他至少已花了一百萬，若是包含我所著《華文現代詩點將錄》，共九巨冊的免費出版，印贈各界花的錢，可能上看二百萬。這是很大的財布施，功在現代中國詩壇，我這支春秋筆不能忘記！

彭正雄一生都在做宏揚中華文化工作，出版中華文化典籍數千種。他所主持的文史哲出版社（現已交由女兒彭雅雲負責），可謂功在中國，功在中華民族，功德無量。

今天在華國大飯店這場「華文現代詩獎評審會」，向明、麥穗、魯蛟和同仁都到了。這一桌至少一萬，加上詩獎獎金、贈書、評審費等，不知多少萬了！

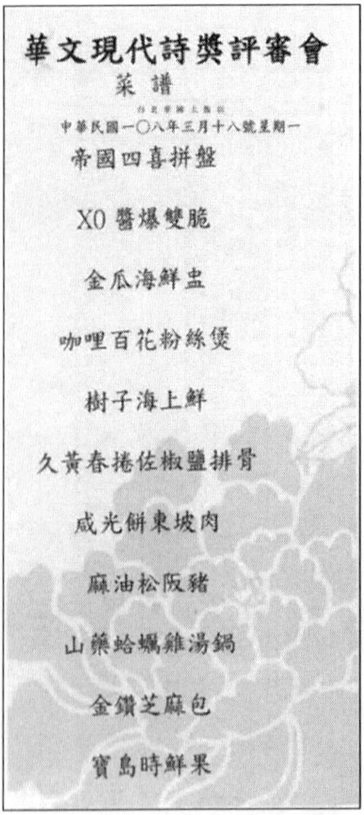
華文現代詩獎評審會
菜譜
中華民國一〇八年三月十八號星期一
帝國四喜拼盤
XO 醬爆雙脆
金瓜海鮮盅
咖哩百花粉絲煲
樹子海上鮮
久黃春捲佐椒鹽排骨
咸光餅東坡肉
麻油松阪豬
山藥蛤蠣雞湯鍋
金鑽芝麻包
寶島時鮮果

△三月十九日　星期二　台大退聯會講現代婚姻趣譚

今天台大退聯會開理監事會，會前一小時由我主講〈現代社會婚姻趣譚〉，大家聽得津津有味。最後三點結論是重點。

第一、年輕一代不婚的第一個原因：犧牲太大，人大多做不到，經濟權、個性、喜好、思想、理想、政治信仰……要犧牲（妥協、讓步）說不完，怕怕！

第二、壓力太高。現代社會到處是壓力，婚後的壓力無所不在，每項犧牲也會轉化為壓力，年輕一代承擔壓力又很弱。怕怕，怕被壓死了！

第三、風險太多。什麼風險？沒發生誰也不知道，但肯定風險很多，例如不合、離婚。這是難以否認，都存在風險。

所以我不會要小孩一定要結婚，不結婚有

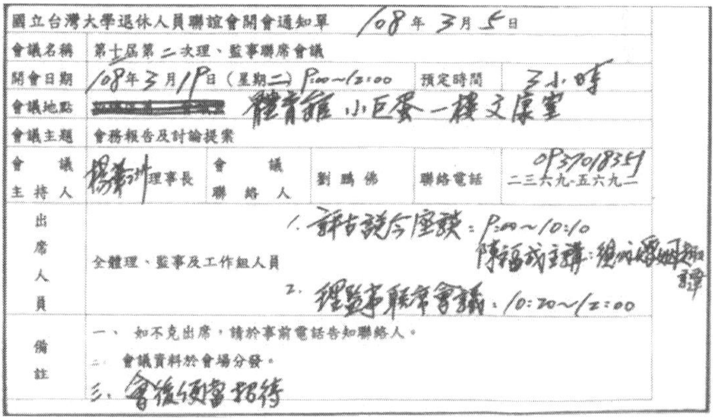

國立台灣大學退休人員聯誼會開會通知單　108年3月5日

會議名稱	第十屆第二次理、監事聯席會議				
開會日期	108年3月19日（星期二）9:00~12:00		預定時間	3小時	
會議地點	[redacted] 體育館小巨蛋一樓文康室				
會議主題	會務報告及討論提案				
會議主持人	楊華洲理事長	會議聯絡人	劉鵬佛	聯絡電話	0937018351 二三六九-五六九一
出席人員	全體理、監事及工作組人員　1. 評古說今座談：9:00~10:10 陳福成主講：現代婚姻趣譚　2. 理監事聯席會議：10:30~12:00				
備註	一、如不克出席，請於事前電話告知聯絡人。二、會議資料於會場分發。三、會後便當招待				

很多好處，凡事都有好壞兩面。小家庭結構，一代人為一代人負責。兒女自有兒女福。更何況，中華民族已有14億人，不缺幾個待完郎。當然也有很多結婚的，那些選擇婚姻的人，應該是想過前面三個問題，他們選擇承擔。或者，沒想過，唏哩呼嚕就結婚了。船到橋頭自然直。

△三月底　綠蒂主持中國文藝協會、力抗去中國化

五月才要辦的活動，中國文藝協會理事長綠蒂（王吉隆）老早就開幹了，最近我已收到邀請函。他以「義工菩薩」精神，無怨無悔的付出。他每天在文協九樓辦公室苦幹實幹，我多次一早到辦公室，他晚上竟睡在辦公室。他說要把這塊牌子撐起來，中國文協絕不能關門，他感動了很多人。

但台獨偽政權用全國全黨之力，正要消滅韓國瑜；同樣也以全國全黨之力打「中國文協」，這些年來台灣文藝界黨派林立，互不相容，很可悲啊！文人的沉淪和政客一樣可怕。如路寒袖把蔣公銅像大卸八塊，謀得高雄文化

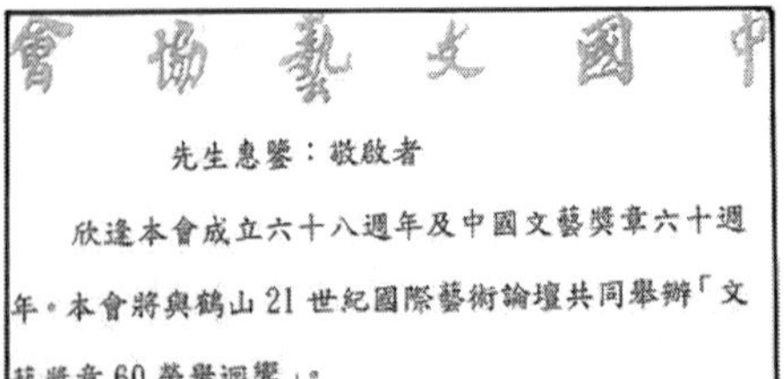

中國文藝協會

先生惠鑒：敬啟者

欣逢本會成立六十八週年及中國文藝獎章六十週年。本會將與鶴山 21 世紀國際藝術論壇共同舉辦「文藝獎章 60 榮譽迴響」。

先生榮獲中國文藝獎章。敬邀您出席五月三日榮耀再現表揚大會。

專此奉達　並頌

文祺

中國文藝協會　敬啟

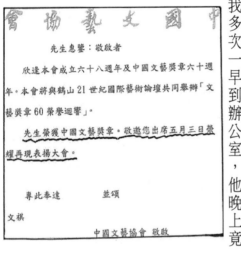

局長，凡此例太多了。

△四月一日　星期一　人在臨終前會後悔的五件事

倭國有臨終關懷護士，整理一千位臨終者遺書，歸納編輯成《臨終前會後悔的二十五件事》一書，其前五名是：㈠沒有做自己想做的事。㈡被情緒左右度過一生。㈢大部分時間都用來工作。㈣沒能談一場永存記憶的戀愛。㈤沒能去想去的地方旅行。

我今年六十八歲了，現代社會鼓勵大家提早寫好遺書，是合理且我也寫了。檢討那五項，每項我都可以給自己打九十五分成績，了無遺憾，任何時候，欣然隨業流轉，隨業而去！

△四月五日　星期五　台大退聯會黃光國的智慧

黃光國教授是台大退聯會理事，他也是專欄作家，有一回看到他在《人間福報》的專欄題目是：〈讓林毅夫回來吧〉。今天在《人間福報》這篇更震憾，其題意即出「民進黨是台灣最大假新聞製造機」。這真是一針見血之作，民進黨所有政策就是一個「騙」字，只是那些已被

民進党、台獨偽政权是
台灣最大的假新聞製造機
人間福報
二〇一九.四.五.11版

洗腦的白痴們才會相信。

黃教授說出真相，下回開理監事會要向他致敬。說真相，台獨政權只是一群妖女土匪組合，「騙」是他們的本質，看牠們能騙到何時？

△四月九日　南京秦淮河邊有24小時無人書店

無人商店這些年來，在世界各角落裡，偶有零星出現，台灣也有。通常這象徵該地區的人多很誠實，沒有不誠實的人。這樣，無人店才能維持。

今天報載，南京秦淮河畔竟有無人書店，由三隻貓看店。買書、借書都自便，從未丟過書，此事深值大大讚揚！

為何？因為台灣在數十年「台獨政權」執政下，台獨份子天天宣傳「中國人都是壞蛋」，現在證明不是！

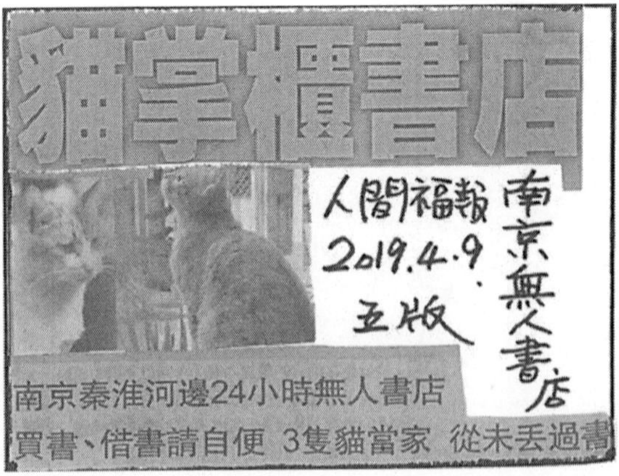
貓掌櫃書店
人間福報
2019.4.9
五版
南京無人書店
南京秦淮河邊24小時無人書店
買書、借書請自便　3隻貓當家　從未丟過書

△四月十一日　吾國國寶都該回家了

天大的消息！報載有將近八百件吾國寶物，包含漢代繭形壺、唐代武士立俑、馬家窯紅陶、清末紫砂壺等，從義大利返抵吾國。此事有重

大象徵意義！

試想，吾國自滿清中葉後衰弱，世界各國（美、英、法、德、義、日．．．）到我中國大地偷、搶、竊，不擇手段，弄走了多少國寶。現在很多台灣人到英美博物館，很多是從中國弄去的寶物，大英博物館幾乎全是從各殖民地搜刮而來，從中國、印度、非洲一船一船運回去。寶物落入賊國手裡，要拿回來就很困難。如今義大利能夠歸還這一大批，只有一個原因，中國人強大了。落在其他國家的寶物，也將會一一回歸祖國。

△四月十八日　星期四　彭哥邀請吉他彈奏帶動唱

文史哲出版社老闆、中庸學會理事長彭正雄邀請吉他帶動唱，因彭哥初接理事長，要給會員熱鬧一下，我欣然前往與老友同樂。

約兩小時夯翻天，一個快樂的下午，大家主要唱老歌，回憶年輕時代的歌。有〈歡樂年華〉、〈多少柔情多少淚〉、〈月亮代表我的心〉、〈苦酒滿杯〉、〈夕

陽西沉〉、〈瀟灑走一回〉、〈濛濛細雨憶當年〉、〈戀曲一九九〇〉、〈再會吧原野〉、〈龍的傳人〉、〈午夜香吻〉、〈淚的小花〉、〈秋蟬〉、〈古月照今塵〉、〈蘭花草〉、〈秋纏〉、〈走天涯〉。

△四月二十一日　信義學長主持中國全民民主統一會

由信義學長所主持的中國全民民主統一會年會，今天下午在天成飯店召開，到有老朋友近百人。老友相見，日愈難得！

今天大會，信義學長本來要退下會長職，提名郭年焜（中將退、我在一九三師五七七旅老處長）接新會長。未果，大家仍要信義當會長，可見他人氣很高。

△四月中旬　妹妹秀梅當選模範母親

老早傳來妹妹秀梅獲頒今年的模範母親，這真是實至名歸。照顧過的老人，除自己的媽媽、婆婆外，不知有多少人！她帶大自己三個孩子，一堆孫子，很辛苦！秀梅是我最小的妹妹，她很能得老人、

小孩的喜歡，對於如何照料老人，如何和老人溝通！如何叫老人「聽話」，乖乖吃飯，秀梅有一套，這是她的天份！

吾家三兄妹，如今唯一的至親，我們都六十以上了。她二人共有孫七位，今生今世的願已算完成，希望她們快樂過日子！

中國文藝獎章 60 榮耀迴響

主辦單位：鶴山 21 世紀國際論壇 主席 道一方丈（愚溪）
中國文藝協會 理事長 王吉隆（綠蒂）先生
國立高雄師範大學國文系
活動時間：2019 年 5 月 3 日～5 日
地　　點：財團法人張榮發基金會
國立高雄師範大學

出席榮譽榜

1. 文學類

席慕蓉　張曉風　司馬中原　陳若曦　廖玉蕙　林日揚　華　嚴　黃文範
鄭瑜雯　吳東權　愛　亞　李瑞騰　蔡詩萍　樸　月　周玉山　溫小平
葉于模　黃春明　蔡文甫　龍　影　劉菊英　姜保眞　歐茵西　林政華
徐桂生　陳福成　林少雯　楊　明　丘各容　林黛嫚　鄭如晴　蔡素芬
朱天心　朱天文　駱以軍　彭鏡禧　梁欣榮　洪安峰　陳祖彥

△「五四」文藝節獲頒「文藝獎章」

今年是「五四」百年，中國文藝協會在五月三、四兩天，有連續密集活動。第一天剪彩和頒獎，第二天是鶴山國際論壇和青年詩人獎。

我意外獲頒一個文學獎，由世界藝術學院院長楊允達頒給我。和我同在文學榮譽榜，有不少大大有名的作家如：司馬中原、席慕蓉、張曉風、陳若曦、愛亞、周玉山、黃春明、林黛嫚、朱天心、朱天文、華嚴、黃文範、蔡詩萍等。我和他們相較，我算小咖！能和他們同台也是光榮。

第二天是鶴山國際論壇，有印度、中國大陸、斯里蘭卡、蒙古國等名家來發表論文，我雖全程聽完，但對他們的文學還是感到很陌生，不易進入！

第二天的活動還有青年詩人頒獎，新一代的林宇軒、郭哲佑、黃詠琳、席地、林佳穎、葉語婷、陳旻道、林家淇、袁丞修等人得獎，鄭愁予、張默、麥穗等老詩人上台頒獎。

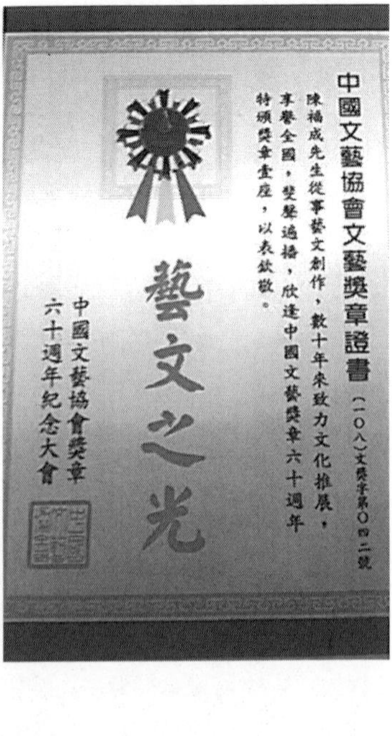

△五月雜事記要

政壇上吵翻天了，持續鬥下去，很多台灣就垮了，也很快統一，緩獨緩統，急獨急統，這是可預見的台灣未來。白痴也知道。

十九日（星期日），全統會在天成早餐會，我提出三個問題供大家思考：

㈠你是統派嗎：若中華民國「永遠在台灣」，「不要大陸版圖」，你和台獨無異。

㈡你是全統會員嗎？全統會「寧共勿獨」，你若不認同，便不是真正全統會員。

㈢國民黨執政統一快，或民進黨執政統一快？以上三個問題，講的時候都不指出明確答案，只提思考，並舉手表決。

二十四日（星期五）中午，陸官四十四期的小圈圈「福心會」，在三官部餐敍，這是第十七年第五十二次，到有：袁國台、童榮南、林鐵基、虞義輝、盧志德、桑鴻文、黃國彥、解定國、李台新、余嘉生、曹茂林、陳方烈、張哲豪和我。共14人。

△六月二日 星期日 跟台大登山會走劍潭山

上午八時數十人，在捷運劍南路站集合，信義學長也到了，和他邊走邊聊，走起來輕鬆。依序上文間山，縱走到「老地方」，照相留念，再走到劍潭山，簽名後下山，今年的第五次。

△六月七日　端午節　華文現代詩頒獎吉他伴唱暖場

最近真的是「背著吉他去流浪」，秘書室、退聯會活動，我都帶吉他和大家同樂，我向大家示意：尋找快樂要主動、獨樂樂不如眾樂樂，打破生活的嚴肅和孤寂感，生活才會輕鬆快樂。今天也是，華文現代詩五週年詩獎頒獎典禮。主辦者希望我能吉他帶動唱暖場，共伴唱了〈古月照今塵〉、〈龍的傳人〉、〈再會吧原野〉、〈秋蟬〉、〈Beautiful Sunday〉。

△六月十二日　星期三　黃昏六老加二華國會餐

黃昏六老（信義、基哥、俊歌、彭公、台客、老夫我），加二是素銀和莉莉。今天中午在華國飯店小聚，一個小圈圈，聊些黃昏八卦。

△六月十五日　星期六　生日

今年有兩個單位記得我生日，「台北市榮民服務處」和「八百壯士捍衛

中華協會」，誠是難得。台北市榮服處服務員胡德蕙小姐，早在五月二十九日親自來訪，親遞生日卡片和名片，並關心榮民生活狀況和健康，真是叫人感動。

現代人好像不流行做生日，兒女也不為父母慶生，不知道這種現象是否正常？或每人每家各有因緣！

但老人家還是希望有人記得，所以我和幾個較好朋友自命「黃昏六老」，以每人生日當月，請大家在華國飯店小聚。不外喝酒、聊天、說說八卦，罵菜妖女！

現在生活簡單，我盡可能簡化生活，只有寫作是正事，其他都小事，日記也沒啥可記，就這些了！

△六月十七日　星期一　晚　台大教官聯誼

每季一次的台大退休教官餐敍，晚上有彭園（忠孝東路五段）舉行。到有：總教官李長嘯、陳國瑞、王潤身、吳信義、孫彭聲、吳普炎、彭正雄、俊歌、林素銀、陳國慶、鄭大平、林俐華、林秀瑛和我。十五人，全員到齊。

△六月十八日　星期二　台大退聯會理監會郊遊唱歌

今天台大退聯會理監事會一行十多人，由理事長楊華洲領軍，到貓空茶園郊遊唱歌，由我吉他伴奏，唱了〈古月照今塵〉、〈龍的傳人〉、〈煙花三月〉……

此事之緣起，是九十五歲的方教授，已一年多沒有參加郊外活動，大家疼惜他。策劃了貓空郊遊。方夫人小他二十多歲，心疼老公，主動說到郊外要請大家吃飯。理監事會哪好讓老人家請，當然大家應該是滿方教授願望，唱完歌就在大觀園用餐。

△六月十九日　范揚松媽媽走了

老范媽媽走了，在新竹新豐自家裡辦告別式。曾詩文、Angela 和我等一行，相約同往參加，在新豐車站照了一張大合照。

老范人脈很好，地方上民意代表、各大山頭等，都到場致意。

△六月：上半年總結：這上半年主要完成四本書：《天帝教第二人間使命——上帝加持中國統一的努力》（約十萬字）、《觀自在綠蒂詩話—無住生詩的漂泊詩人》（約二十五萬字）、《走過這一世的證據—圖像現代詩集》（詩四百多首）。另一本編《華文現代詩三百家》。

△七月五日　文協理監事會

中國文藝協會理監事會，晚上在台北花園酒店一樓舉行。同時把理監聘書發給當選人。

現任理事長方鵬程，秘書長綠蒂。綠蒂是文協永遠的義工，所以研究他的作品叫《觀自在綠蒂詩話》。

△七月十六日　星期二　韓國瑜有望

「韓流」風行全台，一定有原因，台灣的

中國文藝協會聘書

理事 陳福成 先生/女士

茲敦聘為中國文藝協會第三十三屆理事

任期自中華民國一〇八年五月四日至一一一年五月三日

中國文藝協會

妖女土匪政權讓人民太失望了。真的有些人醒了！但政治太可怕了，還有幾個月，妖女政權有很多辦法，可以搞垮韓國瑜。就看天命了！

人間福報

韓粉掛看板 請喝茶歡慶

↑慶祝韓國瑜在國民黨總統初選勝出，高雄超級韓粉吳盛國租下高雄市左營區一家身心科診所外牆，掛起第一面韓國瑜參選總統帆布看板，表達庶民心聲相挺到底，不少民眾駐足圍觀，另外杏仁哥（吳寶全）昨天下午在六合夜市入口處附近發送杏仁茶給民眾。圖／劉學聖

中國全民民主統一會

當選證書

陳福成 先生/女士當選本會第九屆常務執行委員任期自民國108年5月1日起至民國110年4月30日止

此證

會長 吳信義

中　華　民　國 108 年 05月 01日

△七月二十二日　星期一　全統會證書

信義學長把這張證書給我，頗有感慨，因為會員都是老人家。本會雖無多少影響力，會長吳信義仍努力以赴，每年率團去大陸，也算對統一做出貢獻了！

△七月二十三日　星期二　黃昏六老餐敘

目前我所有朋友的小圈圈中，「黃昏六老加x」算是很契合的。小圈圈裡，大家都自然快樂。

六老（彭正雄、吳信義、俊歌、台客、楊長基、我）。六人是基本結構，臨時加些好友，今天來了春子、方飛白、彭愛真、羅莉玲、林素銀、徐榮孝，整一大桌。楊長基在鉅星滙國際宴會廳（前錦華樓），任副總經理，菜色辦的很好，大家照大合照。

△七月小結　完成四百二十張照片題詩

《這一世我們同路的證據——影像現代

詩題集》，這輩子各種關係留下的照片，選四百二十張，每張題詩一首，出版成書，算是把這些照片永存圖書館。否則日後亦成垃圾丟棄。

△八月七日　星期三　人生第四次開刀

「黃斑部皺摺」從未聽過，「田中奏摺」我倒很清楚。今天下午在榮總開刀，動刀的是周昱百醫師，住院一晚，但後續有三週保養期，生活有些不便。人生第四次動刀，照一張留念。

△八月十六日 星期五 現在的生活哲學

如何形容現在心態。大約在林語堂的文章稱「萬事只求半稱心」，這是中國人的理想生活態度：

自古人生最忌滿，半貧半富半自安。
半命半天半機遇，半取半捨半行善。
半聾半啞半糊塗，半智半愚半聖賢。
半人半我半自在，半醒半醉半神仙。
半親半愛半苦樂，半俗半禪半隨緣。

師父星雲大師在不少作品提到這種哲學，也算是人生的真相，總覺得欠幾分積極。對已退休二十年的我，又已六十八歲了，大概就是這個樣子。

△八月十八日 星期日 演講「范蠡之學」

近幾年來，所出版的二十多本書裡，范蠡研究就有三本。《大將軍范蠡》（二〇一六），從國防軍事觀點看范蠡的一生。第二本《范蠡致富研究與學習》（二〇一八），從致富方法論著眼，提出可給現代人「操作」致富的參考。可操作、可學習，才是有用的致富方法，有用的知識。第三本是《范蠡完勝三十六計》（二〇二〇年十月），從謀略看范蠡，約三十多萬字，分上下兩冊。三書出版後，我儼然是「范蠡專家」，范揚松主持的歐洲大學台灣分校，凡有財經課程，便請我去主講。今天是「陶朱公協會」，我也去客串講座。

△八月二十九日 星期四 台大秘書室志工研習

今天是台大志工研習，全天從上午九時到下午四點多。可惜上下午兩場演講，內容和多數志工無關。上午由本校胡哲民教授（生物所）講〈植物的傳宗接代〉，下午由一個外校教授講日竊時期建築。尚好的是志工見面聊聊天。

今天到的志工很多有：于慧貞、王來伴、王曼思、朱堂生、吳元俊、吳信義、呂麗雪、宋德才、李薰薰、林嘉愛、邱光之、孫洪法、孫茂鈴、莊慧君、許詠婕、許璆之、郭正鴻、郭耀東、陳美玉、陳美秀、陳美枝、陳美蘭、陳國二、陳蓓蒂、陳億禎、陳瓊娥、彭慧文、游含笑、楊美蘭、劉宏仁、劉秋娥、蔡芸娜、鄭丹楓、鄭美娟、叢曼如、嚴麗君、蘇克特、姚望、吳嫦娥和我。共四十人。

△八月小結 完成《感動世界》一百多首長詩

這個月的時間都在做什麼？扣除運動、應酬打混外，主要完成《感動世界—感動三界二十八重天》一書，這是一本看圖說故事的書，只是用詩的形式來說，有一百多首長詩，說一百多個感動故事。

另外完成〈印加最後的獨白——國王阿塔瓦爾帕之死〉一詩，是一首五百行長詩。

△九月一日　星期日　《北京天津廊坊行》開筆

《中國全民民主統一會北京天津廊坊行——暨參觀世界園藝博覽會》一書，今天開筆，預計一個多月可以寫完，十一月出版。

全統會會長吳信義率團（28人）到北京、天津，我沒參加，時間是九月十七到二十四日。但我幫他們寫參訪遊記，對許多人而言，不可思議！沒參加怎麼寫遊記？對我而言，這不過是歸納一些資料，寫成幾十篇散文或詩，不是什麼難事。

△九月三日　星期二　44期同學小圈圈聚會

老地方三軍軍官俱樂部餐敘，到有：曹茂林、黃國彥、袁國台、童榮南、金克強、陳方烈、解定國、張哲豪、李台新和我共十人。

△九月八日　星期日　全統會表決未來轉型案

上午到天成飯店參加「早餐會」，也是「全統會」會員的定時聚會。今天利用早餐會後要表決一個提案（如附印），結果同意會長的提議，將再由會員大會做最後表決。

簡單介紹全統會，民國七十九年元月廿一日，在台北成立為政治團體。創會長是滕傑先生，曾任南京市長。

第二、三任會長，是陶滌亞將軍、隨後王化榛先生接任四到七任會長。

主旨：為將本會由現行「中國全民民主統一會」改為政黨案由。

說明：依內政部 108 年 7 月 26 日台內民字第 1080223030２ 號函，要求本會應依政黨法第 42 條第二項規定於 108 年 12 月 7 日前完成轉型事宜，以維權益。

擬辦：

一.經查本會原成立於民國 79 年 9 月 21 日，並依法報內政部成為合法的政治團體。創會會長滕傑先生原是「三民主義力行社」的創始者，後由陶滌亞將軍、王化榛先生及吳信義先生等接任會長，至今長達 29 年之久，成為中華民國台灣地區有活力而最長久之政治團體，此殊榮胥賴前賢功德垂昭所致。

二.今者內政部即來函要求本會更改轉換為政黨團體，實與本會創會初衷相背離，必當審慎酌酌為之。

三.本會所有成員經查百分之九十以上均為中國國民黨黨員，若轉型為政黨，依中國國民黨黨章第 36 條之規定，黨員不得加入其他政黨，若然，則以違反黨紀論處，須依第 37 條之規定撤銷黨籍或開除黨籍，此乃茲事體大之事，宜轉本會所有會員知照。

四.綜合以上之分析，本會不同意轉換為政黨組織，惟可依人民團體法之規定，成立民間社團，賡續運作會務。

五.本擬案提本會九月份早餐會報討論後依法辦理。社團之名稱以「協會」或「協進會」，併本案徵求會員同意後定之。

民國一〇五年四月一日，由吳信義學長接任會長至今。全統會雖是小團體，但會長和會員堅守創會長滕傑「寧共勿獨」路線，未來仍會堅持下去。

△九月十六日　星期一晚　台大退休主任教官餐會

每季一次的餐會，晚上在鉅星（原錦華樓）舉行，總教官李長嘯將軍主持，印象中老總從未缺席。

其他到的有：王潤身、吳信義、吳元俊、孫彭聲、楊長基、鄭大平、吳普炎、陳國慶、彭正雄、彭愛真、羅莉玲、陳昭華和我。滿滿一桌。

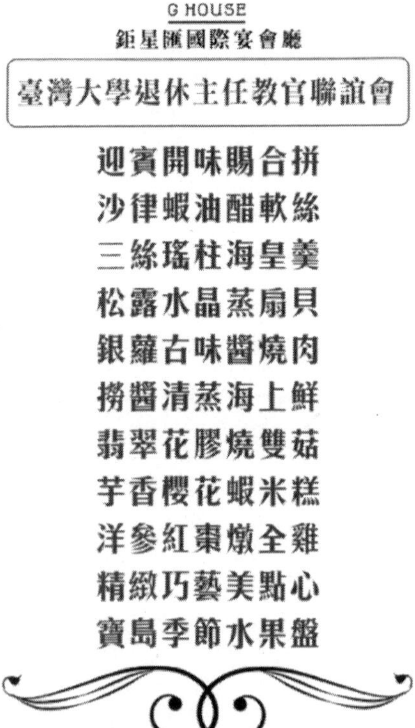
G HOUSE
鉅星匯國際宴會廳
臺灣大學退休主任教官聯誼會

迎賓開味賜合拼
沙律蝦油醋軟絲
三絲瑤柱海皇羹
松露水晶蒸扇貝
銀蘿古味醬燒肉
撈醬清蒸海上鮮
翡翠花膠燒雙菇
芋香櫻花蝦米糕
洋參紅棗燉全雞
精緻巧藝美點心
寶島季節水果盤

△九月十七日　星期二　台大退聯會慶生會帶動唱

上午九時到下午二時的固定活動，照例由我帶吉他帶所有理監事唱三首老歌：〈再會吧原野〉、〈古月照今塵〉、〈龍的傳人〉。

△九月十七～廿四日　全統會北京天津廊坊行

吳信義會長率全統會訪問大陸，全團有：吳信義、吳坤德、張屏、張若鋆、吳淑媛、金玲、吳珠延、陳秀梅、邱麗霞、廖振卿、邱蓮霞、歐陽布、謝隘全、林秀珍、王世輝、陶增珊、周佳儀、王安邦、葛建業、劉立祖、劉小英、林錦堂、陳淑貞、陳美枝、王蜀禧、刑學明。共二十七人。

我沒有參加此行，但八月下旬依據他們的行程表，開始寫《中國全民民主統一會北京、天津、廊坊參訪紀實》一書，到九月底寫完。沒參加怎麼遊記？很多人的疑問，一言難盡。

△九月小結

九月做了什麼事？每日除了走路運動，台大的一些事（志工、登山會、退聯會），偶爾吃吃喝喝，朋友餐敘，主要還是寫完《全統會北京天津廊坊參訪紀實》，這一件是正事，本月完成的作品，可望十一月出版。

每天的新聞都是如何打韓、黑韓，台獨那些人像恐佈份子，像一種毒素，人又很容易被洗腦。可見的未來，台灣會更亂，現在還不是最亂！

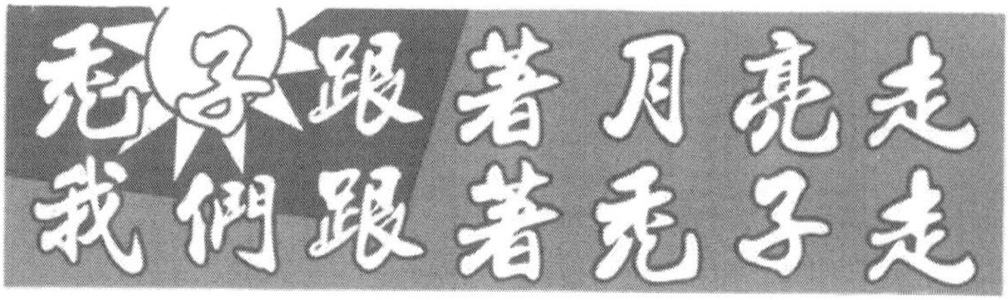

△十月一日　星期二　停筆、準備

今年至今，幹了七本書，本月暫停、放空，做下一本書的準備。

△十月四日　星期五　參加年度藝文界大拜拜

參加每年文學界大拜拜，各項資料保存於下。自從年滿六十五歲，文訊雜誌社每年都寄邀請函來，服務員也用心連繫，做得很貼心，我每年會參加。

有很多是每年見一次面的老作家，這些「文獻資料」我也每年保存下來。這些資料可能沒有人保存，我所見都是看完就丟了！有點可惜！

文訊

TEL：(02)2343-3142、2343-3143、2343-3145

敬愛的 **陳福成** 先生：

歡迎您參加「2019 文藝雅集 真情相擁‧歡聚恆久」，活動的時間為民國 108 年 10 月 4 日(星期五)上午 11 時開始(10：00 報到)。為您安排的桌次為第 35 桌，因與會人數眾多，敬請準時出席，座位安排未盡如意，請多包涵。活動當天於報到處領取名牌之後，請依桌次入席，如需協助，現場將有工作人員引導。

耑此　敬祝

大安

2019 文藝雅集　文訊雜誌社　敬上 2019.9.20

節目表

11:00-11:20	致　詞	主辦單位致歡迎詞．貴賓致詞
11:20-11:30	節目表演	PART1 河堤國小．流行舞蹈社〈勁舞跳躍〉
11:30-11:40	節目表演	PART2 素人歌手 彭康福〈感謝你的愛〉〈陽光和小雨〉
11:40-12:00	節目表演	PART3 金曲獎歌手 李德筠〈橄欖樹〉〈來來來〉〈全心全意愛你〉 羅思容〈白雲之歌〉〈攬花去〉
12:00-12:10	影片播放	2019 作家關懷列車系列 蓉　子．黃春明．梁丹丰．朱佩蘭．邱七七．唐潤鈿 康芸薇．陳若曦．丹　扉．司馬中原．丁貞婉
12:10-13:30	餐　會	與會來賓、紀念品及禮品贊助單位介紹
12:30-13:30	作家歡唱	湯芝萱、林育正、王予彤〈斑馬〉〈小手拉大手〉 林文義〈幸福進行曲〉〈蘇州河邊〉 林立青〈浪子回頭〉 自由歡唱
13:30-14:00	散　會	領取紀念品．珍重再見

餐會席次表

1 封德屏・彭俊亨・王榮文・柴松林・蘇碩斌・余玉照・黃光男・陳哲妮・葉樹姍・何寄澎・劉得堅・朱國珍

2 楊青矗・楊士慧・莫渝・趙迺定・林清秀・古蒙仁・林衡哲・康原・姚金足・葉日松・葉羅瑞新

3 張默・張騰蛟・管管・黑芽・碧果・張孝惠・墨韻・紫鵑・林于弘・羅行・陶幼春

4 林宗源・姚榮松・徐如林・陳凌・潘榮禮・蕭燕・鄭煥生・鍾連喜・曾郁雯・林文義・林立青

5 童元方・陸達誠・夏婉雲・白靈・王羅蜜多・大蒙・藍雲・洪淑珍・林正三・龔華・靈歌

6 閻振瀛・陳甲上・黃才郎・王蕙芬・莊靈・陳夏生・孫少英・陳若曦・莊伯和・曾麗華・尹章中

7 丁履譔・王曉波・宋元・周伯乃・徐世澤・殷勝祥・高準・黃文範・方祖燊・黃麗貞・吳德亮

8 何肇衢・何耀宗・寧可・寧忠湘・曾仕良・林耀堂・陳宏勉・林淑女・蕭蕭・張晏瑞・梁錦興

9 柴扉・林月華・鄭仰貴・林銀・汪鑑雄・胡坤仲・黃錫淇・吳敏顯・徐惠隆・羅融・白棟樑

10 向明・楊昌年・趙玉明・張凱芩・俞允平・溫德生・麥穗・金劍・崔崇光・桑品載・隱地

11 洪銘水・歐茵西・胡耀恆・許麗卿・陳慶煌・彭鏡禧・周惠民・蘇正隆・周志文・張靜二・陳麗桂

12 田新彬・高雷娜・愛亞・廖玉蕙・蔡全茂・劉靜娟・應鳳凰・王成勉・李宜涯・陳薇・康芸薇

13 陳秀潔・張素貞・曾昭旭・黃慶萱・李鍌・邱燮友・林水福・李殿魁・鄭向恆・江澄格・尹玲

14 吳雪雪・李宗慈・李啟端・汪季蘭・楊芳芷・周昭翡・孫小英・陳月卿・陳小凌・程榕寧・司馬中原

15 游銀安・黃恆秋・黃永達・陳石山・鍾順文・江彥震・林國隆・莊華堂・宋細福・葉蒼秀・邱祖胤

16 鄭如晴・羊憶玫・唐潤鈿・徐秀美・鄭淑華・蔣竹君・江秀卿・林少雯・樸月・應平書・劉淑華

17 朱學恕・羅海賢・陳連禎・沙白・俞川心・陳識南・潘長發・李玉・李莒光・路衛・周陳蘭英

18 任真．陳司亞．吉珍如．鄧鎮湘．穆緒菁．宋文濤．徐子林．黃信樵．齊衛國．張幼雯．林碧琪

19 郭文夫．陳朝寶．劉文潭．陳光憲．余崇生．沈花末．歐銀釧．秦賢次．莊永明．蔡登山．梁良

20 丘秀芷．宋雅姿．徐卉卉．袁言言．袁家瑋．晨曦．項紀台．龔旭初．龔書綿．溫小平．杜萱

21 許王．許娟娟．楊素珍．杜志成．謝震隆．謝美枝．陳剩．梅遜．楊祖光．游禮海．黃月嬌

22 趙琴．劉曼紅．歐陽元美．傅依萍．夏龢．羅思容．張芳慈．邱秀堂．汪詠黛．亮軒．陶曉清

23 王漢金．王胡新妹．李重重．周月坡．焦士太．梁秀中．郭東榮．郭陳秀葉．陳銀輝．楊淑貞

楊偉宏

24 余玉英．張雪琴．郭妙．郭兀．李舫．陳維賢．李亞南．楊小雲．陳雨航．胡金倫．陳素芳

25 王愷 ．陳美潔．趙明．阮淑琴．趙心鑑．莊瑞玲．陳維德．李文漢．徐松齡．陳坤一．李正雄

26 柯錦鋒．郭心雲．毛先榕．六月．謝文．黃漢龍．古梅．左秀靈．吳東權．杜奇榮．荻宜

27 張忠進．沈立．書戈．彭諭芳．陶明潔．蔡清波．葛治平．許月娥．潘台成．林仙龍．周梅春

28 吳疏潭．李在敬．孟繼淇．孫清吉．徐斌揚．徐瑜．張慧元．莊麗月．莊桂香．董益慶．潘家群

29 胡爾泰．涂靜怡． 栞川． 林蔚穎．黃春旺．洪文瓊．姚家彥．胡麗慧．凌拂．陳欣心．顏艾琳

30 李台山．吳鈞堯．翁翁．楊樹清．盧翠芳．何桂泉．吳玉雲．洪玉芬．許正芳．楊筑君．王水衷

蔡素芳

31 文林．李榮烈．李思穎．林秋霞．陳瑋全．楊正雄．覺涵法師．蘭觀生．亞孅．陳麗卿．魏綵羿

32 林良．林瑋．曹俊彥．李雀美．許義宗．陳木城．沙永玲．陳憲仁．游珮芸．蔡淑媖．林雯琪

33 王先正．黃克全．王學敏．喜菡．林宇軒．楊宗翰．李進文．湯芝萱．林育正．王予彤．呂孟璇

34 林政華．陳正治．林煥彰．傅林統．黃海．葉言都．林武憲．黃瑞田．陳文榮．徐桂生

△

35 林錫嘉．許其正．陳福成．傅予．彭正雄．陳得勝．金筑．徐享捷．落蒂．綠蒂．台客

△十月十三日　星期日　台大登山會走環台北市五段之一

台大登山會規劃走環大台北一圈，分五段走完，我今天參加基隆河左岸段，算是我的第二段。上午八時在圓山捷運站出發，走下基隆河步道，經大佳公園、麥帥一、二橋，過彩虹橋，走到終點站南港展覽館，是中午十二時半，走了四個小時多。

△十月十七日　星期四　一葉知秋　一個計程車司機說

難得乘計程車，今天竟偶然聽司機說：「生意越來越差！」我明知故問：「怎麼差？原因是什麼？」他開始數落蔡英文的不是．．．下車前給了錢，我告訴司機，快投票了，用選票下架蔡妖女，他說：「當然。」觀察現狀，這應該是一葉知秋吧！

△十月十九日　星期六　環大台北天際線筆架山段

從未走過如此高難度又危險路段，下雨泥濘，增加難度和危險。從一早出發到下午五點多到家，全身酸痛一個多星期，十多年未有如此過度操磨自己。

台大登山隊規劃環大台北天際線，分五段走完，這段是筆架山段。上午八時半一行二十人到集合點，二格公園（約北宜公路三段）→二格山（六七八公尺）→筆架山（五八五公尺）→炙子頭山（五二五公尺）

↓西帽子岩（四八〇公尺）↓石碇老街。

△十月二十日　星期日　佛光山台北教師分會會員大會下午在台北道場舉行，我和信義學長到，俊歌有事不能到，我擔任大會記錄。

△十月二十五日　星期五　台大退聯會「千歲宴」

自從五年前，我當台大退聯會理事長時，破天荒辦了第一次「千歲宴」，這是第二次辦。

新的理事長楊華洲上任才十個月，就再辦第二次，顯示的活動力很旺盛。這次表演的節目（如表），也比上回豐富。

108 年臺灣大學文康會「千歲宴 」活動程序表

	09:00-10:00	報到
	10:10-10:20	退聯會主辦→單位主管致詞：楊華洲理事長
	10:20-10:40	1. 協辦單位致詞：職工聯誼會 洪金枝理事長 教授聯誼會 王佩華理事長 2.長官致詞 →陳銘憲副校長
	10:40-11:50	一、 文康會分會節目表演 1. 肚皮舞 2 首→10 分 2. 魔術表演→熊伯齡股長 20 分 3. 退休合唱 3 首志恒→10 分 4. 陳福成 前理事長吉他 3 首→10 分 5. 追夢分會表演→10 分 6. 歌唱→邱淑美老師→10 分
	11:50-12:40	餐會
	12:40-13:55	自由歡唱
	13:55-14:00	主辦單位致詞
	14:00	散會

退聯會主辦

教聯會 職聯會　協辦

△十月三十日　台大文康會新辦公室籌備會

台大教職員工文康活動委員會下有四十多個社團，長期以來都沒有一個共同的辦公室。

經退聯會理事長楊華洲長期奔走，今在新大樓保留一個空間，開始籌備未來的使用或經營方向。中午由江簡富教授主持會議，討論決議出四個領域：網路媒體、活動諮詢、業務推廣和行政作業。

蔡宜靜、劉青英、吳元俊和我，負責「業務推廣」，各組分頭努力，下回開會提出報告。

△十月小結

這個月難得「解放」自己，鬼混了一個月，除了參加一些例行活動，也思索要寫下一本書。計畫中要完成的尚

國立臺灣大學教職員工文康活動推行委員會辦公室空間籌備會議議程

時　間：108 年 10 月 30 日(星期三)中午 12 點 20 分

地　點：綜合體育館一樓教職員工文康活動中心

主 持 人：江主委簡富　　　　記錄：

參加會議志工同仁：

楊華洲 陳雅薰 許秀錦 陳明芬 闕明芳 邱淑美 張嘉欣 周宜樺

林映月 許淑慧 陳福成 吳元俊 吳素心 周美華 史靜玉 吳玫娉

陳國華 蔡宜靜 張翠琴 劉青英

有十多個主題，即十多本書，從簡單的先完成，玩玩現代詩吧！日子一天天過，不覺退休已二十年多了，四捨五入七十。人越來越懶，越來越不想跑，一切所見皆如是，寫作還是打發老年時光比較好的辦法。在寫作中，創建一個王國，自己就是寡人。

△十一月一日　星期五　開筆《海青青的詩歌世界》

今天開始寫《海青青的詩歌世界：《牡丹園》和《大中原歌壇》一書。解放太久，一時心仍不很專注，寫寫停停！

△十一月四日　星期一　好友餐敍

中午老友在「莫宰羊」餐敍，都是台大人馬。秘書室到有現職的玟妤和淇惠，志工有叢曼如、俊歌、信義、彭慧文、孫茂鈴；追夢分會蔡宜靜，食科所游若篍教授（教職會會長），農經系官俊榮教授（逸仙學會會長）。

△十一月十六日　星期六　台大校慶健行

今天參加台大校慶健行，上午八點半在捷運辛亥站集合出發。沿途經中埔

山、福州山、芳蘭路、校園巡禮，約上午十一時到傅鐘前，簽名、拍照、解散。

△十一月十七日 星期日 結婚第三十九週年

往年結婚紀念日，我會準備小小的慶祝。自從四年前岳母在這天走了，太太很在意媽媽怎麼在這天走，說今後不慶祝結婚紀念日了。我想到，三十九年很不容易，在此做個記錄，也算慶祝。畢竟，三十九年維持一個「家」的樣子，不管明天如何！我們曾經有個家。

△十一月小結

閒雲隨意飄，吃吃喝喝，像是在鬼混，日子好過，過得很快，一下十一月又過了。

這個月有什麼成果?平均每天寫作時間約兩個多小時。《海青青的詩歌世界》，六百字稿紙寫了一百張，平均每天寫不到二千字，十二月可完稿。

九月就寫完的《北京天津廊坊參訪記實》一書，含照片二百五十頁，月底終於正式出版。

△十二月四日 星期三 晚 台大登山會會員大會．領績優獎

臺灣大學教職員工登山會 108 年度會員大會開會通知

會員編號：**1300**　　姓名：**陳福成**

一、本會訂於 **108 年 12 月 4 日（星期三）**假校總區博雅教學館 301 教室（小椰林道旁）召開本年度會員大會，當天下午 17:30 開始報到，18:00 大會開始，敬請準時參加。

二、年會內容：會務報告、績優獎勵、幹部會議提案討論、登山安全講座等。

三、請繳納 109 年教職員工會員會費 300 元，眷屬會員會費 600 元。當天未能現場繳費者，請務必於 109/3/31 前完成續會繳費，逾期則會籍中斷，需視同新會員重新辦理入會（新會員入會費 400 元），會籍中斷期間參加活動不列入紀錄。

四、當天在會場提供餐盒給出席且續繳年費會員，請憑繳費收據領取。**為樽節經費，會員如未親自出席，請勿代領餐盒。**

五、在 108 年活動計次期間內（107/12/1~108/11/30），一般會員參加活動達 12 次、退休會員參加活動達 8 次以上者（眷屬會員應參加活動次數等同其依附會員本人），可領取「績優紀念品—排汗衫」（限依事先登記尺寸領取，10/13～11/3 每週日幹部皆會帶套量衫供試穿套量，若未登記，則視同授權幹部代為決定，恕無法更換尺寸），當日完成報到後憑繳費收據領取。當日未能親自到場者領取者，可請同仁代為報到繳費後領取，或於一週內至文書組信件收發室洽潘文傑先生補領，**逾時未領，視同放棄，恕不補發。**

六、本次會員大會特邀**林繼昌醫師**分享『活骨舒筋』筋骨保養觀念，機會難得，請踴躍出席會員大會聽講。

七、因應郵資上漲及文康會補助經費縮減，自 107 年度起，停止印刷及寄送紙本山訊，請自行於網頁下載瀏覽電子版山訊。109 上山訊預定於 109 年 1 月中下旬發布於網頁及 Line 群組，如需紙本行程資訊，請屆時再向總幹事索取。

八、台端本年度活動次數至 108/11/24 止累計共　**14**　次，已符合績優獎勵資格（績優獎勵之判定將持續累計至 **108/11/30** 止）。

會長 徐年盛 敬上

108 年 11 月 25 日

△十二月六日　星期五　周美青是失敗失職的第一夫人

下午到台大秘書室在值班室碰到二位熟識的教授，聊八卦聊到馬英九和周美青。統派已將馬英九定位在「亡國亡黨亡族」之君，他和豬沒兩樣。而對他老婆周美青，大家評價也很負面。

總結來說，周美青是失敗失職的第一夫人，國家給她第一夫人尊榮，她將「第一夫人」當破鞋，她完全沒有扮演第一夫人角色，失職、失敗。就「馬夫人」角色，也是失敗的，她只有她自己，她目中有誰？

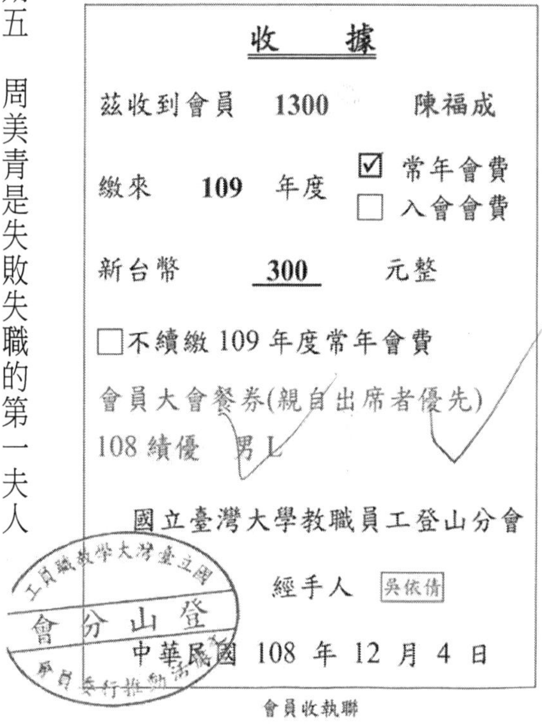
收　據

茲收到會員　1300　陳福成

繳來　109　年度　☑ 常年會費　☐ 入會會費

新台幣　300　元整

☐不續繳 109 年度常年會費

會員大會餐券(親自出席者優先)

108 績優　男 L

國立臺灣大學教職員工登山分會

經手人　吳依倩

中華民國 108 年 12 月 4 日

會員收執聯

△十二月十日　星期二　參加八百壯士協會

和同學袁國台、林鐵基、童榮南四人，相約一起參加今午在彭園的八百壯士大會。

現場三軍各班隊都有，人山人海，真是嗨翻天了。大家高唱〈夜襲〉和〈我現在要出征〉，太興奮了！大喊口號，「振興中華文化」、「徹底消滅台獨」、「重振黃埔軍魂」、「台灣安全、人民有錢」。

△十二月經常性工作

「物以類聚」，統派朋友相聚有共識，每天經常性工作，就是不斷用手機宣傳台獨的邪惡腐敗，數十群組每天成千上萬的傳出去。以下幾句是我常傳的：

自有人類歷史以來，從未見過如蔡

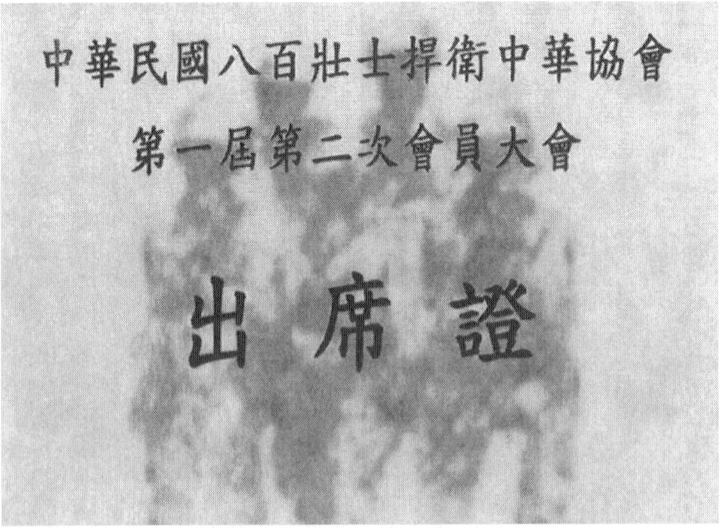
中華民國八百壯士捍衛中華協會
第一屆第二次會員大會
出席證

妖女這種雌性惡魔。
台獨份子是中華民族之叛徒，炎黃之敗家子。
蔡妖女的邪惡、可怕，無與倫比，她將毀滅台灣。
再讓牠幹四年，台灣青年只好上戰場打仗。
「去中國化」讓台灣成為無人性之野獸社會。
搞台獨的結果不光帶來戰火，也使台灣成亞洲庫德族！
但很多人不知、不覺、無智，台灣將不斷沉淪！
直到本世紀末，只剩玉山頂浮在海面！統獨沒了！
老天爺解決了統獨問題，禮讚老天爺！

△十二月十四日　星期六　中庸學會吉他帶動唱

下午應中庸學會理事長彭正雄之邀請，到台大文康室同樂會帶動唱，有以下老歌：〈戀曲一九九〇〉、〈再會吧原野〉、〈茉莉花〉、〈河邊春夢〉、〈古月照今塵〉、〈濛濛細雨憶當年〉、〈午夜香吻〉、〈阿華賣豆腐〉、〈苦酒滿杯〉、〈淚的小花〉。

△十二月廿一、廿二　星期六、日　全家台東遊

台東走回頭路
是全台灣的縮影
回想二十多年前駐守花東
那時的花東
陸客、洋客一團團
就算郊外小小景點
也一群群觀光客
如今只見荒涼
而孩子們都看不懂
他們都和魔鬼黨同掛了

△十二月二十三日　星期一　台大教官餐會支持韓國瑜

晚上在華國飯店，到有：總教官李長嘯、吳信義、俊歌、彭公、陳國瑞、吳普炎、楊長基、王潤身、孫彭聲、鄭大平、陳國慶、林素銀和林秀瑛二位貴賓，加我自己共十四人。大家討論選情，認為韓國瑜贏

的機會很大。

奇怪的是從選後一週，華國飯店被訂一空，都是慶功宴，彭公也要宴請大家慶祝。好像統派一定取勝，但政治很黑，黑手段（如阿扁兩顆子彈），瞬間「豬羊變色」！

△十二月二十八日 星期六 我有很多陰影

今天看到這篇好文章，頓然有悟，生命中許多陰影突然見了陽光。文章引心理學大師榮格（Carl Jung）名言：「與其要我變得更好，我寧可更完整。」完整不是圓滿，而是好壞都有，正負都有，陰影和陽影同時存在你心中。

人是一種很壞的物種，珍古德說對了，「人類的出現是進化論的錯」。問題是已經出現了，必須接受「壞的自己」。活在世上的人誰沒有陰影？找一找，就只有死人沒有陰影了。

△十二月小結和全年總結

本月最重要的是完成《中國詩歌墾拓者海青青》一書，二百張稿紙，寫了兩個月，這是現在慢活的進度。未來寫作再放慢，一年出版個三、四本，也就夠了，打發時間，也當成生活中的重心。總結今年共完成八本書：

《天帝教第二人間使命：上帝加持中國統一的努力》（已出版）。

《觀自在綠蒂詩話：無住生詩的漂泊詩人》（已出版）。

《走過這一世的證據》：四百多張照片和題詩集（出版中）。

《這一世我們同路的證據》：四百多張照片和題詩集（出版中）。

《感動世界—感動三界故事詩》（出版中）。

《印加最後的獨白》（出版中）。

《全統會北京天津廊坊參訪記實》（已出版）。

《中國詩歌墾拓者海青青》（剛完稿）。

整個月最火熱還是大選，我雖是統派，也為統派朋友加油。但我並不認同民主選舉這種制度，看看地球上搞民主的地方，家庭、社會、國家、社區、朋友圈，都是分裂對立的。一戰、二戰、越戰、波灣戰‧‧‧希特勒屠殺猶太人等，都經由「民主程序」搞成的，這種制度為何人類尚不反省？

第六篇　二〇二〇年開始邁向退休後第三個十年

牽手

牽手說來容易
就是手牽著手
難度也高
很多牽著牽著分手了
我們牽手快四十年
多漫長的歲月
持續牽著
牽到地老天荒

不遠山莊的美夢

這晚在山莊做個美夢
夢見全家在夢中
都不肯有夢話
怕驚醒大家

我夢到在湖上漂
妻的髮如雪飄
山莊在深山漂流
我急著找人解夢

△二〇二〇年　元月二日　黑鷹失事　我革命軍人之殤

這是上午網路傳的，正確的訊息看三號的報紙才知道。國軍黑鷹直升機失事，八人罹難有：參謀總長沈一鳴上將、政戰局副局長于親文少將、情次室助次洪鴻鈞少將、參謀黃聖航少校、正駕駛葉建儀中校、副駕駛劉鎮富上尉、總士督長韓正宏士官長、機工長許鴻彬士官長。軍人之殤，台獨偽政權的蔡妖女男魔們，不斷侮辱軍人，他們聽不到了，清淨！希望他們就在西方極樂世界清修。

晚上好友同學相約，到張榮發基金會為韓國瑜造勢，有：袁國台、童榮南、吳信義、吳元俊、彭正雄和我，大家評估態勢一定贏，除非有台獨黑手……

△元月三日　星期五　44期福心會　餐敘、為韓造勢

中午在三官部餐敘，並為韓國瑜造勢，到有：虞義輝、袁國台、解定國、童榮南、金克強、路復國、曹茂林、陳方烈、李台新、侯光遠、黃國彥、林鐵基和我，共十三人。

△元月九日　星期四　韓國瑜凱道之夜　二百萬人

下午在台大值班，五點下班，乘捷運出發，沿途已人山人海，老中青都有，快六點出站，凱道外圍數里已是人潮，無法移動。初估二百萬

人有，但形勢如斯，反叫人迷惑。

△元月十一日　星期六　台獨政權辦大選　我不投票

今天「台獨政權」辦大選，我不投票，選前已為統派造勢，這就夠了。

我不投票的原因（計畫會寫成一本約十萬字的書），略說如下：

第一、韓國瑜當選，統派執政，兩岸會穩定，大陸會給國民黨面子，不會有大動作，很久才會統一。

第二、票投台獨偽政權，台灣走向孤立貧窮，大陸好做事，會很快統一。但我不可能票投蔡妖女。

第三、民主選舉是最壞的制度，世界各國凡搞民主選舉，都造成國家、社會、族群、家庭的分裂。好制度必須使人際和諧，而不是分裂、對立。

△元月十二日　星期日　妖女亂世　年輕世代擁抱戰火　俊歌感傷

大選昨晚已定，保衛中華民國的國民黨慘敗，要消滅中華民國的台獨偽政權大贏，說明一件事：中華民國已走到末路了。蔡妖女搞台獨，引來戰火，年輕人要上戰場，因為多數年輕人支持蔡妖女！

一大早俊歌傳來一段話，讓我很感傷：「人生在世不稱意……道消魔長，妖魔鬼怪橫行霸道，許多人跟著張牙舞爪！邪惡菜陰蚊不下台，民燼黨竊霸政權繼續欺詐拐騙跋扈張狂歹徒耀武揚威，沒有天理！道不行隱退江湖……黃鐘毀棄，瓦斧雷鳴，四維不張，八德不振，頓時感覺台灣的陌生，中華兒女漸少，今後何去何從……」。他說要去流浪，不參加今晚的教官餐會。

今晚彭公在華國設宴，安慰大家，彭鼓舞士氣，到有：總教官、官俊榮、游若筱、陳國瑞、吳普炎、長基、孫哥、潤身、信義、俊歌、大平、秀瑛、素銀、麗霞和我。

△元月二十二日　星期三　台獨法西斯現形

收到新一期的《遠望》雜誌，主標題是「台獨法西斯終於現形」。法西斯主義和納粹主義是兄弟，是比「史達林主義」更恐怖的東西，現在出現在台灣。

但，這種恐怖主義的東西不是人類社會所要，台獨成為一種恐怖主義，也表示很快會滅亡。「台獨法西斯」可能亡得更快，比「意大利法西斯」和「德國納粹」亡得還要快，我有生之年會看見！

△元月小結　這塊土地上的人變質了

這個南蠻小島的地方割據政權人變質了，尤其年輕世代越看越不順眼，想想這也合乎進化論。因此，從這次蠻島統治的妖女男魔用黑手打贏選戰後，我決定不看所有新聞，過自己的日子。孤島必將走向更孤立、貧窮，活該！新世代廢青自己承擔吧！

本月開始的寫作計畫是《范蠡與三十六計》（暫訂），分六篇三十六章，慢慢寫，大約四、五月間完稿，全書約三十萬字。

△二月二日　星期日　台大登山會新春開登領紅包

登山會每年春節後都是「新春開登」，走到終點站由會長徐年盛親自發紅包百元，錢少意義大。每年我和信義、俊歌都相約三人同時參加。八點在淡水行政中心集合，沿濱海路、商工路，健行到天元宮，一個多小時，參加人約二百人。中午回到芝山，信義學長請吃豐盛午餐。

△二月四日　星期二　五好友木柵茶園遠足

袁國台、林鐵基、童榮南，加四十二期周立勇學長和我五人，是台大圈以外，最好的五好友了。年紀、背景、信仰都相近，可謂志同道合。上午十時約在貓空纜車站出口見，樟樹步道走到越嶺餐才一個多小時，少不了酒足飯飽，森林裡空氣好，大家聊著童年往事。這個世界會怎

遠望
—2019年11-12月號—
臺獨法西斯終於現形！
敬悼智仁勇兼備的陳明忠先生
試論多元一導的華家意識形態
日俄和約交涉的新動向及其對中日關係的影響
羅夢冊論中國：大道之行，天下為公
首里城如何浴火重生？

樣！已經不是我們牽掛的事，每個時代都有問題。

△二月五日　星期二　登山會校門口走到華中橋

上午八點在台大校門口集合，約數十人，信義和俊歌也到了，沿新店溪河岸步道走，一個半小時走到。簽到後，順道轉往文史哲出版社，與彭公聊天、喝茶，一個上午又過了！

△二月九日　星期日　登山會　走福州山公園

今天上午八時從基隆路、長興街口起行，經芳蘭路、福州山公園，走到富陽森林公園，俊歌也到，共約五十人參加，我再走路回家，全程約四小時。

△二月十二日　星期三　黃昏六老中午餐敘

彭公、台客、長基、信義、俊歌和我，是謂「黃昏六老」，每到生日之月，壽星邀大家在華國飯店餐敘，通常有幾位女生也會參加。這是我們退休老人的世界，我們離這塊土地越來越遠。

△二月小結　新冠病毒蔓延，向全人類宣戰

新冠病毒在世界各地漫開，幾乎所有活動、聚會都停擺了。我沒受到任何影響，每天正常運動作息和寫作，「一切有為法，如夢幻泡影」，一切都會過去。

不看任何新聞節目，所有新聞也不看，反正任由台獨偽政權去惡搞，把「中華民國」終結了。一個菜妓女領著一群土匪，以「急獨」完成「急統」。

從元月中開始寫《范蠡完勝三十六計》（暫訂書名），每計約六千字，到本月結束寫完第十五計「調虎離山」。速度放慢，約五月可完稿。

△三月四日　為何失敗？

過這麼久了！偶然又看到這張「感謝函」，總得反省為何失敗？原因很複雜，但可簡化成以下：

㈠民進黨三十六個計，計計致命，國民黨人無計可施。
㈡君子和土匪打架。
㈢國民黨不團結、私心重，僅韓國瑜一人在打這一仗。
㈣韓的大戰略、謀略、戰術素養都太低。
㈤選舉作弊手法極高明，可謂「瞞天過海式作弊」，天都瞞住了，人民的眼睛和腦袋就成了廢物。

△三月小結　封鎖地球　唯一的活動：和彭公喝茶

「新冠病毒」封鎖了整個地球，所有的活動全停擺，各行各業都被病毒攻陷。到本月底，美國好像快崩潰了。邪惡美帝，我樂見他們瓦解，世界就會和平一陣子。

我心如止水，每日散步、寫作。唯一的社交活動，偶爾到文史哲出版社，找彭公喝一壺茶，一起罵美帝。

△四月五日　星期日　德、法官員轟美國：現代海盜

新冠病毒向全球開戰，超強美國淪第一慘，露出強權衰落加速中。德國和法國買了大批警用口罩，已從中國運出，卻在泰國機場轉運時，被美國中途強行攔截運往美國。這是今天的大新聞。

德國、法國火大開砲轟美國，德國內政部長蓋澤爾（Andreas Geisel）批美國是「現代海盜」。前一陣子伊朗稱美軍是「恐怖組織」，現歐洲強國稱美國是現代海盜。奇怪，台灣的妓女政權還死抱海盜大腿，台灣

遲早被海盜賣了！

△四月十日　星期五　范揚松哀美國成全球劫匪詩

美國瘋人川普搶劫了法國、德國口罩，成了世界頭條新聞，老友范揚松以此為題傳來一詩。意指不恥川普傲慢狂妄，居心險惡，多國研究證據指向病毒是美軍散播到武漢，必是川普指示要搞垮中國。如今自食惡果，「川普病毒」邪惡，范詩曰：

帝制自為競狂囂，國殤遍野煞未消；
熔爐裂變倒懸甚，斷貨缺糧搶口罩。
川竭山崩浪驚濤，普天災禍景蕭條；
肺疾腑病德不配，炎涼世道死難逃！

這是老范在四月九日回應康正言、楊望遠兄卓見，報導美國成為世界劫匪。但這些事，在台灣所有「綠色媒體」，如民視、三立、自由時報，全都不報導。所謂媒體是民主的「第四權」，

根本也是謊言，有史以來最大的騙局，就是民主、人權、第四權，都是騙死人不償命。

△四月十二日　星期日　美國肺炎、川普病毒禍地球

美國肺炎、川普病毒，危害全球，近百萬人感染，死了多少萬人了。也有環保專家說，這是地球其他生物對人類的反攻；有說是人類的「共業」，相信也是。

已經走向衰落的資本主義大帝國——美帝，在瘋人川普操弄下，加速淪亡，也可能走向分裂。中、俄加速分食、裂解美帝，美國不亡，地球不會好。

這些「外境」不影響我生活作息、寫作和心情。靜觀美帝衰落，看倭國倒向中國，等待台島地方割據政權如何終結（被統一），也許可見！

△四月二十四日　星期五　寫完《范蠡36計》

所有活動都因「美國肺炎」和「川普病毒」而停了，專心寫作。《范蠡完勝三十六計—智謀之理論與全方位實務操作》，寫完了，三十多萬字，分六篇三十六章。現在到五月，計畫放空，啥事不做，看閒書。

△四月小結　六老加四是唯一的餐敘　美國肺毒禍全球

美國肺炎、川普病毒持續禍全球，幸好台灣已算相對安全。二十八號的六老加四餐敘，是四月唯一的活動。十人到齊：彭公、信義、俊歌、基哥、台客、我；昭華、素銀、愛真。

△五月簡記　靜觀台島沉淪、美帝衰落　讀《十大弟子傳》

美帝瘋人川普持續在全球散播「美國病毒」，台灣的不法割據政權追隨美帝腳步，一起走向沉淪。美帝的終站是衰落或分裂，台灣終局是統一，已然七十歲的我，練習放下一切，只是靜觀，並靜心讀《十大弟子傳》，星雲大師著，二〇一五年佛光山出版。

舍利弗，智慧第一。出生在一個婆羅門的學術家庭，在僧團中被譽為「第二佛陀」，曾無條件布施眼睛，佛陀授記為未來的「華光如來」。

他是佛陀的上首弟子，請求得佛陀的允許，先佛陀進入涅槃。目犍連，神通第一。有移山倒海的神通力，曾度一個可憐的女人叫蓮華色，「目連救母」的故事在民間流傳。但他是第一個殉教人，被異教徒謀害而死，佛陀解釋他為了結自己的「業」，就不以神通力自救。富樓那，說法第一。得佛陀授記，過無量阿僧祇劫，在這個世界成佛，名號叫「法明如來」。他一生過著弘法飄遊的生活，如行雲流水般的隨緣弘化，有佈教師的所有德性。他的弘法較方便自由，大迦葉較固執。須菩提，解空第一。離欲的阿羅漢，與世無爭，對世間沒有希求，明白宇宙人生一切是因緣和合，一切因緣所成，一切也由因緣所滅。因緣，就是「空」的最好注解。他曾在「空」中，第一個迎接佛陀歸來。迦旃延，論議第一。婆羅門國師的兒子，但他不想靠家族餘蔭成就自己，聽佛陀一次開示就悟了真理，從此皈依佛陀，勸念三寶。他辯才無礙，長於議論，也善於巧妙度人，方便說法的能耐，比丘中名不虛傳。

大迦葉，頭陀第一。不久前，法國的柏格森博士在印度雞足山見到大迦葉，並皈依他，有可能嗎？出家前，大迦葉曾與妻妙賢十二年同房不同床，為了適當時機（父母往生），兩人都出家修行。大迦葉修頭陀苦行，繼承佛陀衣缽，負責第一次集結三藏大業；到了百歲時，付囑法藏給阿難陀，自己隱於雞足山內，自言「等六十七億年後，彌勒菩薩降生成佛，再去拜見他。」這是很久以後，地球已不在了！

阿那律，天眼第一。他是佛陀的堂弟，也叫阿㝹樓陀。他因佛陀講經時打瞌睡，被佛陀責備「螺蝦蚌蛤一睡千年」，就誓言從此不睡覺，終於瞎了眼睛。佛陀憐憫他，教他修習金剛照明三昧，獲證天眼通第一。

優波離，持戒第一。出身首陀羅階級（賤民），父母為謀生讓他學理髮，後為佛陀理髮開悟出家，有七個王子晚出家都要向他頂禮。佛陀涅槃後，大家公推優波離結集律藏，他升座誦律，說明佛說的每一戒。一個出身賤民的人，最後能主持結集三藏之一律藏聖典，實在難以形容的了不起。

阿難陀，多聞第一。童年出家（七王子之一）。最初佛陀不准女人出家。因「智慧與情愛背著路走」，阿難陀爭取才改變佛陀的想法。阿難陀的特長是記憶力超強，所以結集經典時，《長阿含》、《中阿含》、《雜阿含》、《增一阿含》、《譬喻經》、《法句經》等，都由阿難陀誦出。他後來在恒河上空入涅槃，為止息摩揭陀和毘舍離兩國戰爭。

羅睺羅，密行第一。佛陀未出家時，是迦毘羅衛國的太子，曾娶拘利城的耶輸陀羅公主為妃，他們同在十九歲之年生下羅睺羅。童年不久他就成為最初的沙彌，由於是佛陀之子，一生都很低調，默默修行，嚴於密行持戒。三千威儀，八萬細行，都能了知奉行。

讀《十大弟子傳》最深刻的感受，也是將要七十歲的我，應有的成長，是業力恒不破，因果法則恒不壞。通常吾等只認識個人的業，佛陀說國家民族興亡也是全民的「共業」。佛陀駐世時，憍薩彌羅國的琉璃王要消滅佛陀的祖國迦毘羅衛城，佛陀曾為愛國熱忱阻攔琉璃王大軍三次，但第四次佛陀放下不管了。佛陀說「釋迦族受宿世罪業之報，必須了結。」他們不懺悔罪業，一味驕橫、腐敗，就讓其滅亡吧！

這個啟示，給我對「台獨」有類似看法，這是台灣的宿世罪業。共業所感，就是目前台獨偽政權的一味驕橫，腐敗沉淪，我應向佛院學習放下，了知因果法則。任其滅亡，才是再生（統一）契機。

△五月小結：疫情爆發、島嶼腐爛

看《三國》，年輕的楊修被曹操判死刑，年輕的司馬懿去探視，楊修問：「現在死和二十年後死，有什麼差別？」

正好最近看《木馬屠城記》，年輕的英雄阿基里斯也問：「現在死和五十年後死，有什麼差別？」
這問題很深，很難回答。若要我簡單說，短期（千年）有差別，長期（萬年以上）無差別。要解釋為什麼？非得寫一本書才說得清楚。
五月還有什麼可寫？和台大登山會走了幾次。十二號44期「福心會」餐敍，除常到的原班人馬，陳報國是第一次參加，他和我在馬祖高登苦守兩年。
二十五號是「六老加四」餐敍。每天的必修課是和太太走新店溪河岸，風雨照走，十年從未停（有事或風雨太大不走），也真是奇蹟！

△六月小結：美國病毒大爆、島嶼沉淪、議長被謀殺
這個月有什麼可記的，島嶼沉淪中，我過我的日子。找彭公喝茶、和揚松喝酒、聽飛白大話，或到游教授「居酒屋」（台大食科所）小坐。
這兩個月完成《台大遺境：失落圖像現代詩題集》

人間福報 The Merit Times　2020年5月27日 星期三
歐盟：美主導告終
亞洲時代來臨
美國时代結束了……

一書，有四百張照片，每張配一短詩，得詩四百首，已交給文史哲出版社，算是本月的成績。

本月重要活動：四月參加佛光山台北教師分會、八日台大教官餐敘、九日台大退聯會理監事會、十七日台大秘書室志工餐敘、二十三日「六老加四」餐敘。這些不是應酬，是取暖！其他少許應酬不記！

△七月小結：疫情發飆、美國發瘋、中國發硬、台灣發痴

信義學長傳來一篇文章，〈吳豐山專文〉，提到蔣經國日記解密了，蔣很討厭美國，從頭到尾稱「美帝」。他有個俄國名字叫「尼克拉．維拉迪米洛維奇．伊利札洛夫」，都是我第一次知道，他留俄十二年，取俄國老婆。

本月完成出版的書有四本：《走過這一世的證據》（四百張照片、四百首詩）、《這一世我們同路的證據》（照片、詩同）、《感動世界故事詩》、《印加最後的獨白》。

從六月底到本月，主要寫作《夢幻泡影》（四百照片、四百首詩），已完成六成，預計八月中前可完成。本書主要按《金剛經》思維寫，也算我人生觀的一部分，「一切有為法，如夢幻泡影」。

另，本月也整理兩本舊作給時英出版社：《神州壯遊詩鈔》、《給中國人看──炎黃子孫永不忘》。時英出版社的吳心健、吳心頤兩兄弟，是二十多年老友，我將「春秋大業」託他二位。

現在固定有餐敍的老友不外三批：「六老加四」、台大貼心教官、四十四期50年不斷老同學。三批總數約二十多人，夠了。

七月到最後竟有一件好消息、大漢奸李登輝掛了，全台很多地方放鞭炮慶賀。只有八個字可形容這個人，「禍國殃民、民族敗類」，應該去地獄。

到處有放鞭炮慶祝李漢奸死了。網路流傳兩則弔祭對聯：

㈠上聯：共產黨、國民黨、台獨黨，黨黨均霑。下聯：中國人、日本人、美國人，人人都騙。橫批：民族敗類。

㈡上聯：觀古今三姓家奴當仁不讓。下聯：數海內外四朝奸佞捨我其誰。橫批：禍國殃民。

△八月小記：俠女鄭惠中大戰死漢奸

八月混過了！先看自己做了些什麼？《夢幻泡影：金剛人生現代詩經》月中已完稿。四百張照片配四百首短詩，約兩個月左右正式出版。

八月十日「全統會」在天成飯店聯誼，正好和鄭惠中（打了偽文化部長鄭麗君那位俠女）。十四日，她又到死漢奸李登輝靈堂潑紅漆，大快人心。我在賴上，仿花蕊夫人詩，傳詩一首：

統派百萬齊解甲，妾在家中坐不住；
俠女一人上戰場，大戰妖魔死漢奸。

老友台客（廖振卿）看到也回應一首詩：

福成作詩讚惠中，俠骨柔情女英雄；
岩里政男日本狗，一桶紅漆為送終。

八月十七日，到榮總檢查眼睛及安排開刀事，中午應阿妙和義輝之邀，一起用餐。我很久未見阿妙，席間以「百年不見、友誼不變」一語相贈，認識她五十多年了，感覺並未變舊。

△九月小記：台獨偽政權持續禍害中華民族

本月完成了哪些作品？《夢幻泡影》完成一校，《中國鄉土詩人金土作品研究反響集》編成，可望十一月前出版。

每日過著簡單生活，主要餐敘有八日的「六老加四」，十一日的「陸官福心會」，二十八日的「台大退休教官聯誼」。這是每年幾次固定的老友聚會。

老友傳來老人家要扔掉六樣，甚合我意：㈠扔掉對兒女的管控、㈡無謂的愛情、㈢無謂的社交、㈣發財的慾望、㈤不良習慣、㈥自己的壞脾氣。

手機每天傳來很多老人如何生活的智慧，我以為影響不大，每個人的生活模式，數十年都已定型。

△十月小記：台獨偽政權持續賣台、強姦人民

本月何事可記？《我與當代中國大學圖書館的因緣㈢——暨人間道上零散的腳印證據詩題集》完成交稿。圖照約四百張，詩約三百首。明年初出版。

十月七日，左眼黃斑部病開刀，為人生第五次動刀，照一張相片留念。

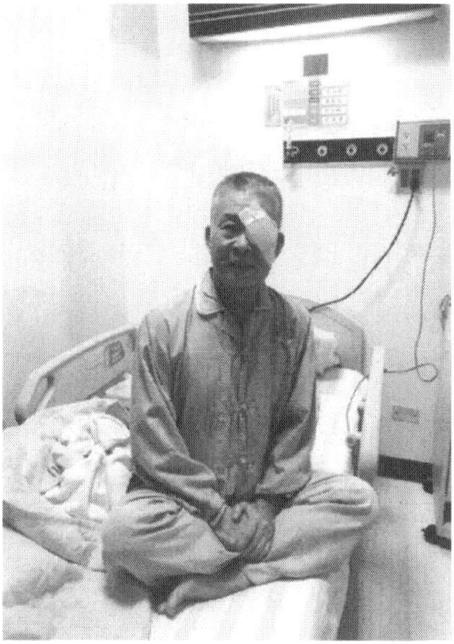

年度文學界大拜拜參加記錄：二十三、二十四連續兩天，是文壇詩歌界一年一度的大拜拜，只有六十五歲以上的資深作家、詩人可以參加。重要記錄史料如下：

文訊 Wenhsun

10048 臺北市中山南路 11 號 B2 樓
B2/F 11 Zhong-Shan S. RD., TAIPEI 100, TAIWAN, R.O.C.
TEL：(02)2343-3142・2343-3143・2343-3145
FAX：(02)2394-6103

敬愛的 **陳福成** 先生：

歡迎您參加 2020 文藝雅集「以字結緣，以愛相守」，活動時間為民國 109 年 10 月 23 日(星期五)上午 11 時(10:00 報到)。

為您安排的桌次為第 15 桌，因與會人數眾多，敬請準時出席，座位安排未盡如意，請多包涵。活動當天於報到處領取名牌後，請依桌次入席，如需協助，現場將有工作人員引導。

耑此　敬祝

大安

文訊雜誌社　敬上 2020.10

聯絡人：吳穎萍(02)2343-3142#302
黃基銓(02)2343-3142#305

2020 文藝雅集

DOUBLE NINTH FESTIVAL

餐會席次表

1 王榮文・呂毓卿・李永得・陳瑩芳・封德屏・柴松林・陳哲妮・劉得堅・履彊・鄭烱明・蘇碩斌

2 余玉照・周月坡・林秋霞・莊靈・陳夏生・陳濱民・黃才郎・王蕙芬・黃光男・廖咸浩・劉國松

3 林宗源・林欣蓉・姚榮松・陳凌・楊青矗・楊士慧・葉日松・葉羅瑞斯・潘小俠・潘榮禮・蕭燕

4 古月・吳德亮・辛牧・張默・陸秉川・管管・黑芽・楊允達・王萍・碧果・墨韻

5 尹玲・向明・孟繼淇・俞允平・郭楓・陳得勝・陳慶煌・棕色果・楊昌年・溫德生・羅行

6 大蒙・文林・王羅蜜多・白靈・林正三・洪淑珍・張孝惠・陳慈銘・龔華・靈歌

7 任真・朱學恕・沈立・俞川心・陶明潔・陳素真・湯芝萱・路衛・周陳蘭英・潘長發・羅海賢

8 王廷俊・吳燈山・沙白・周梅春・林仙龍・林政華・林德政・張忠進・黃瑞田・葛治平・許月娥

9 余崇生・吳當・沈花末・林武憲・林煥彰・洪文瓊・曹俊彥・陳正治・陳亞南・楊銀鳳・歐銀釧

10 王政傑・司馬中原・邵玉銘・保真・康來新・梁秀中・荻宜・陳若曦・陳薇・焦士太・劉墉

11 江彥震・宋細福・林國隆・莊華堂・陳石山・游銀安・馮輝岳・黃永達・黃恒秋・葉倫會・葉蒼秀

12 呂梅黛・沈臨龍・金劍・崔崇光・亮軒・陶曉清・桑品載・郭震唐・陳憲仁・曾麗華・隱地

13 喬林・吳雪卿・李漢偉・李赫・林宜妙・林清秀・康原・姚金足・徐如林・陳明仁・趙迺定

14 方梓・宇文正・陳克華・康芸薇・莊桂香・許俊雅・愛亞・廖玉蕙・蔡全茂・應鳳凰・劉靜娟

15 古蒙仁・台客・林錫嘉・胡爾泰・許其正・陳福成・麥穗・傅予・彭正雄・落蒂・綠蒂

16 丘秀芷・李宗慈・李啟端・邱秀堂・姚嘉為・胡為美・袁家瑋・晨曦・蒙永麗・龔旭初・龔書綿

17 杜萱・沙永玲・林瑋・邱各容・夏婉雲・許建崑・許義宗・陳木城・黃海・蔡清波・鍾順文

18 六月・毛先裕・古梅・吳東權・李銘愛・杜奇榮・柯錦鋒・唐美惠・郭心雲・黃漢龍・趙妍如

19 丁履譔・林晨正・曾虹微・殷勝祥・高準・郭文夫・陳朝寶・黃文範・劉文潭・劉曼紅・蘭觀生

20 江澄格・周志文・周惠民・洪銘水・胡耀恒・高天恩・梁欣榮・許麗卿・陳秀潔・歐茵西・蘇正隆

21 朱國珍・李可梅・李德珍・徐千雅・許王・許娟娟・陳剩・楊素珍・杜志成・楊蓮英・鴻鴻

22 方祖燊・黃麗貞・左秀靈・鄭向恒・李鍌・姚家彥・張素貞・曾昭旭・黃慶萱・蒙天祥

23 王愷・陳美潔・邢遲蓉・趙明・阮淑琴・徐松齡・張炳煌・連勝彥・陳坤一・陳達禎・趙琴

24 王成勉・田新彬・余玉英・李宜涯・李舫・郭兀・李壽菊・郜瑩・張雪琴・郭妙・楊小雲

25 何驤衢・何耀宗・佛鑒・林淑女・林耀堂・孫少英・陳甲上・陳宏勉・曾仕良・寧可・寧忠湘

26 宋文濤・凌明玉・孫清吉・張光斗・彭樹君・溫小平・蜀洪・鄧鎮湘・鄭羽書・穆緒蕾・韓良憶

27 吳疏潭・李在敬・徐斌揚・徐瑜・張慧元・莊麗月・傅慧成・項紀台・董益慶・蔣震

28 白慈飄・吳敏顯・李亞南・汪鑑雄・邱榮華・胡坤仲・徐惠隆・黃錫淇・潘台成・鄭仰貴・林銀

29 南橋思・洪中周・胡其德・涂靜怡・陳欣心・柴川・陳思妤・陳瑋全・楊正雄・覺涵法師・趙化

30 王巧麗・王若慈・汪詠黛・施雯彣・張知禮・張祥憲・郭仲琦・葉淑玲・劉家馴・蔡瑞真・賴美貞

31 王克敬・吳雪雪・李藝鴻・汪季蘭・孫小英・陳小凌・傅依萍・程榕寧・歐陽元美・蔣竹君・鄭淑華

32 江秀卿・吳娟瑜・唐潤鈿・周全・林少雯・林于弘・紫鵑・徐秀美・蔡怡・樸月・應平書

33 王婷・吳鈞堯・李台山・洪玉芬・翁翁・許慧婷・陳妙玲・馮凱・楊薦民・楊樹清・盧翠芳

34 尹章中・宋雅姿・徐翊維・秦賢次・袁言言・高雷娜・曹永洋・梁良・蔡文怡・蔡登山・鄭如晴

35 王先正・王學敏・李進文・凌拂・陳鵬翔・黃克全・楊宗翰・詹澈・劉淑華・顏文琳・羅融

| 策畫 | 財團法人台灣文學發展基金會

| 贊助 | 文化部　台北市文化局　客家委員會　文總 GACC　洪建全教育文化基金會　財團法人世聯倉運文教基金會

| 禮品贊助 | 三花棉業　黑豆桑　| 承辦 | 文訊雜誌社

| 協辦 | 人間福報・大海洋詩雜誌社・山海文化雜誌社・不倒翁視覺創意・文創達人誌・中國文藝協會・中國婦女寫作協會・中華日報副刊
中華民國兒童文學學會／火金姑會訊・中華民國專欄作家協會・中華民國筆會／台灣文譯・中華金門筆會・文學台灣雜誌社
世界女記者與作家協會—中華民國分會・台北市閱讀寫作協會・台灣客家筆會／文學客家・台灣詩學季刊社・台客詩社・幼獅文藝
印刻文學生活誌・有荷文學雜誌／喜菡文學網・明道文藝・金門縣文化局・金門文藝・金門旅外藝文學會・金門報導・青溪新文藝
客家雜誌社・皇冠雜誌・秋水詩刊・紀州庵文學森林・海翁台語文學雜誌社・乾坤詩刊雜誌社・國文天地雜誌社・國立傳統藝術中心
國語日報・野薑花詩社・創世紀詩雜誌社・普音文化公司・開朗雜誌事業有限公司・葡萄園雜誌社・聯合文學雜誌・聯合報副刊
聯經出版事業股份有限公司・藝術家雜誌社・鹽分地帶文學／臺南市政府文化局

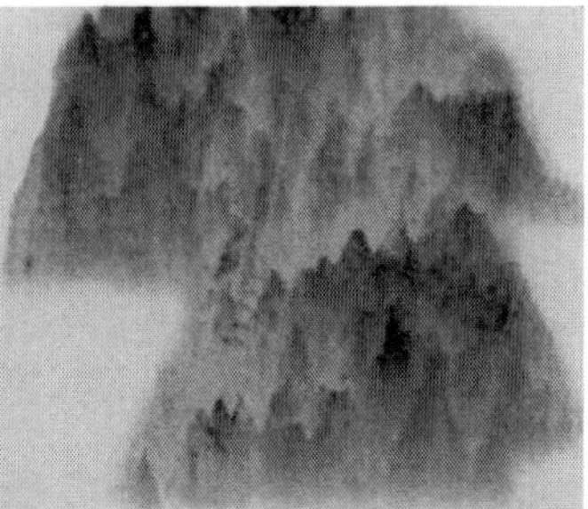

節目表

一節目主持人一朱國珍一

10:00-11:00　報到進場

11:00-11:20　貴賓致詞

偽文化部　偽李永得 部長

臺北市文化局 劉得堅 主任秘書

11:20-11:30　節目表演》臺北市景美女中合唱團

英語〈Try to Remember〉

客語〈一儕花樹下〉

11:30-11:40　節目表演》臺北市萬福國小 原民組曲

布農族〈拍手歌〉　阿美族〈豐年祭〉　排灣族〈朋友歌〉

卑南族〈我們都是一家人〉賽夏族〈喜歡你〉　鄒族〈快樂的聚會〉

泰雅族〈奮起吧泰雅族人〉魯凱族〈拉伊納〉

客家語〈客家鄉〉　閩南語〈草蜢弄雞公〉

11:40-11:50　節目表演》台北市閱讀寫作協會　唱頌團》姊妹淘的好女聲

國語〈讀你〉、〈秋蟬〉、〈歡樂年華〉

11:50-12:00　影片播放2020關懷列車採訪影片作家群

方祖燊・王牧之・向　明・朵　思・岩　上・俞允平・康芸薇

張　默・張騰蛟・梅　遜・許　思・郭　楓・麥　穗・曾　寬

黃文範・黃麗貞・路　衛・碧　果・管　管・謝鵬雄

12:00-12:30　餐會進行（上菜）

與會來賓介紹

贊助單位介紹

紀念品項介紹

12:30-13:00　作家同樂

鴻鴻（薩克斯風）・徐千雅（鋼琴）：〈浪子心聲〉、〈教父華爾滋〉

宇文正vs 陳克華：　〈梁山泊與祝英台〉組曲

宇文正：　〈英台十味藥〉

陳克華：　〈遠山含笑〉

合　唱：　〈樓台會之不能行也得行〉

△十一月小記：台獨妖女引美國毒豬毒害台灣人

本月有何可記？最大的事，是台獨偽政權持續禍害台灣，要將台灣引進戰火，成為中美對抗的砲灰。又要進口美國毒豬，這些說來，台灣人活該！

這月我做了什麼值得記下，校對《大戰略36計》約三十萬字，其他朋友餐敍吃喝。把近幾年來十三本手稿共約一百二十萬字贈《文訊》典藏，深值一記：

文訊 雜誌社

敬啟者：

頃承惠贈佳籍，至紉高誼。

業經拜收登錄妥為珍藏，今後如蒙源源分溉，尤為感荷。謹肅蕪箋，藉申謝忱。

此致

陳福成、彭正雄先生

文訊雜誌社 敬上

2020年11月6日

計收：手稿13份

手稿

1. 《為播詩種與莊雲惠詩作初探——暨莊老師的詩種花園詩友會》陳福成撰，稿紙137張
2. 《緣來艱辛非尋常——賞讀范揚松仿古體詩稿》陳福成撰，稿紙125張
3. 《葉莎現代詩研究欣賞》陳福成撰，稿紙99張
4. 《觀自在綠蒂詩話——無住生詩的漂泊詩人》陳福成撰，稿紙325張
5. 《舉起文化使命的火把——文史哲彭正雄出版及交流一甲子》陳福成撰，稿紙232張
6. 《陳福成作品述評——他的寫作與人生》陳福成編著，稿紙127張
7. 《林錫嘉現代詩賞析》陳福成撰，稿紙200張
8. 《華文現代詩點將錄——鄭雅文現代詩之佛法衍譯》陳福成撰，稿紙125張
9. 《華文現代詩點將錄——莫渝現代詩賞析》陳福成撰，稿紙156張
10. 《曾美霞現代詩研析》陳福成撰，稿紙174張
11. 《現代田園詩人許其正作品研析》陳福成撰，稿紙291張
12. 《陳寧貴現代詩研究——全才詩人的詩情遊蹤》陳福成撰，稿紙193張
13. 《劉正偉現代詩賞析——情詩王子的愛戀世界》陳福成撰，稿紙195張

△十二月小記：全球悲慘的一年，蔡妖女持續禍國

外環境是悲慘的一年，我的小世界平靜過每一天，不以物喜，不以物悲。假日隨台大登山會郊區走山，四個老人家（83歲彭公、76歲信義、65歲俊歌、70歲的在下），成立「文史哲吉他社」，不知會玩成什麼樣子，或持續多久？

陸官44期的小圈圈「福心會」，十七號到台大品軒樓餐敍：陳報國、袁國台、林鐵基、解定國、郭龍春、黃國彥、曹茂林、陳方烈、筆者。再整理四本手稿贈《文訊》雜誌社，文訊回函致謝，如附做紀念。台大秘書室志工餐敍趕在月底前小聚，志工平時很難見面，餐後俊歌又請喝咖啡，聊得不亦樂乎。看樣子，大家不受蔡妖女禍國和台獨偽政權之亂，影響了身心，這群老人家依然自在活在當下，不看外面多黑多亂！

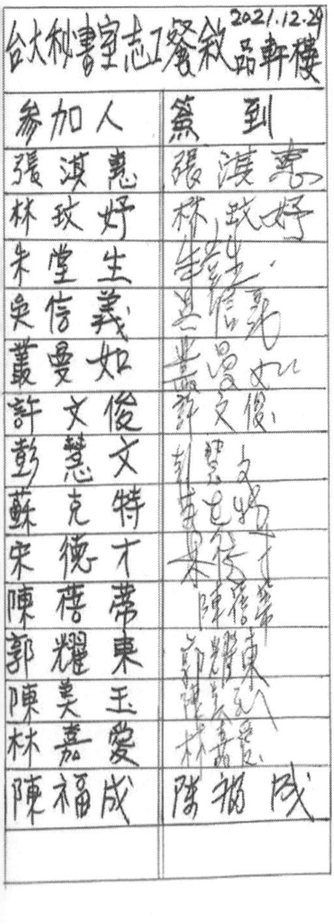
台大秘書室志工餐敍 品軒樓 2021.12.29

參加人	簽到
張湞惠	張湞惠
林玫妤	林玫妤
朱堂生	朱堂生
吳信義	吳信義
叢曼如	叢曼如
許文俊	許文俊
彭慧文	彭慧文
蘇克特	蘇克特
宋德才	宋德才
陳德帶	陳德帶
郭耀東	郭耀東
陳美玉	陳美玉
林嘉愛	林嘉愛
陳福成	陳福成

文訊 雜誌社

敬啟者：

頃承惠贈佳籍，至紉高誼。

業經拜收登錄妥為珍藏，今後如蒙源源分溉尤為感荷。謹肅蕪箋，藉申謝忱。

此致

陳福成、彭正雄 先生

館藏查詢系統

文訊雜誌社　敬上

2020 年 12 月 4 日

承辦人：吳穎萍
地址：10048 台北市中山南路 11 號 B2
電話：02-23433142#302
傳真：02-23946103
E-mail：wuyping07@gmail.com

計收：圖書 3 本，手稿 4 份

圖書

1. 《清末民初中國官紳人名錄》田原 禎次郎編，北京，中國研究會刊，1918年12月，25開，798頁。
2. 《中國著作家辭典》陳澄之編纂，紐約，Oriental Society，1971年，25開，701頁。
3. 《中國文化界人物總鑑》橋川時雄編纂，北京，中華法令編印館，1940年10月，25開，815頁。

手稿

1. 《典藏斷滅的文明：最後一代書寫身影的告別紀念》陳福成編，稿紙133頁
2. 《《華文現代詩》300家：暨創刊到19期詩人作品統計概況》陳福成編，稿紙159頁
3. 《留住末代書寫的身影：三月詩會詩人往來書簡存集》陳福成編，稿紙230頁
4. 《最後一代書寫的身影：陳福成往來殘簡存集》陳福成編，稿紙259頁

民國一一〇年（二〇二一年）

夢，是會成長的

那時恐龍還在
大家還小
但夢，是會成長的
一飛就過了千萬年

現在回首思念的味道
你還記得嗎？
光陰和味道都淪陷
激情於夢，不要再成長了

童年的世界

童年的世界無邊無際
建國小巷就大不得了
可以把天拉下來
把地翻過來

把小巷玩成大海
在這海裡
移山倒海　發動戰爭
無所不能

民國一一〇年（二〇二一）七十歲

△元月小記：台獨政權持續禍國殃民

時間走得很恐怖，怎麼就到了二〇二一年了。過去的半個多世紀，一九七〇年、八〇年……有如昨夜的夢，好像過沒多久！

本月也有很多大（禍）事，拜登上台也救不了美帝的衰亡，而台島持續沉淪，台獨偽政權持續毒殺「呆丸郎」，進口美帝毒豬肉。蔡妖女光搞同性戀、進毒豬，都是禍害子孫的政策，她要下無間地獄。

這月活動也精彩，老同學「福心會」十多人在台大品軒樓餐敘，台大秘書室志工會餐等（如照片），有些大型活動因疫情取消。

開始教三個老先生學吉他。彭哥正

雄（83歲）、吳哥信義（77歲）、俊歌元俊（66歲）。三個加起來二百多歲了！沒把握他們能學到何種程度！

△二月、三月小結：四十四期老同學已往生63人

這兩個月有什麼好記的，一些例行活動照常。值得一記，該出版的書照常出版，長詩〈地瓜最後的獨白〉完成，一千多行，再補些情節改成《地瓜史記：陳福成超時空傳奇詩劇》一書，約三千多行長詩，交文史哲出版社。

老同學傳來一個資料，是我陸官四十四期同學至今往生者名單，我沒有很驚訝，每個人早晚都要上路。早走晚走有何差別？楊修、阿基里斯等古今名人都問過這話。我也沒答案。

本（三）月又走了一個李東樑，我們在學生時代也熟，但從六十四年畢業至今快五十年了，也沒有私下交流過，從未碰過面。他在台中的告別式就沒去參加了。按本期去報到已六十三人，按《畢業同學錄》有五百七十人，約等於十分之一往生了。

△四月、五月小結　妖女病毒擴散　政治抗疫殃民

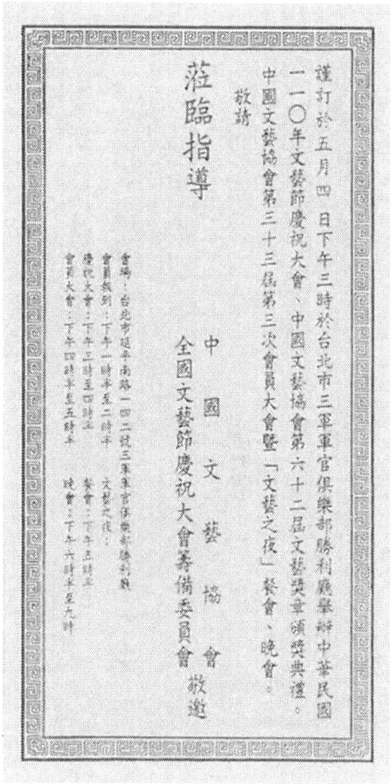

謹訂於五月四日下午三時於台北市三軍軍官俱樂部勝利廳舉辦中華民國一一〇年文藝節慶祝大會、中國文藝協會第六十二屆文藝獎章頒獎典禮、中國文藝協會第三十三屆第三次會員大會暨「文藝之夜」餐會、晚會。

敬請

蒞臨指導

中國文藝協會
全國文藝節慶祝大會籌備委員會　敬邀

會場：台北市延平南路一四二號三軍軍官俱樂部勝利廳
會員報到：下午一時半至二時半　文藝之夜：
慶祝大會：下午二時至四時正　餐會：下午五時正
會員大會：下午四時半至五時半　晚會：下午六時半至九時

這兩個月的主要記事，是從四月初開筆，寫《這一世只做好一件事：為中華民族留下一筆文化公共財》。到五月底已快寫了十萬字，預計六月上旬應可完稿，交給文史哲出版社雅雲小姐。

「妖女病毒」在全台擴散，用意識形態抗疫的台獨偽政權寧可當美帝走犬，也不願用大陸疫苗救人，可見這些漢奸政客有多可怕。羅馬共和國打烊前有位思想家叫西塞羅（Marcus Tullius Cicero，前106年—前43年），他說了當時社會現狀的一段話：「窮人不斷工作，富人剝削窮人，軍人保護前兩種人，納稅人養前三者，資本家掠奪前四者，法

律人誤導前五者，醫生靠前六者發財，領導者恐嚇前七者，政客靠以上八者快樂生活。」

這應該就是現在的台島，不知要沉淪到何種境地。我只冷眼靜觀，那些妖女魔男垃圾不上我心，只要留下文字，留下這一世曾看到的腐敗，留下歷史記錄。但這一切都在心外，無住我心。

月底，朋友們總結孤島現狀：火車砸了、戰機墜了、水沒了、電斷了、空氣髒了、治安壞了、萊豬來了、核食吃了、疫苗沒了、同婚絕種了、通姦合法了、人倫亂了、做票贏了、歷史斷了、人民窮了、政府沒了，就等著最後解放軍收拾殘局，完成統一。

五月最後一天，妖女病毒擴散全台，每天數百確診，死亡的人不斷破表。作家楊渡的〈末世備忘錄〉說：「台灣卻有最大的詛咒。那就是中央疫情指揮中心。你可以想像，一邊是帶著疫苗想救人，一邊是病患需要救治，老百姓需要疫苗，醫生也願意全力救人。可是中間擋著疫情指揮中心，他們就是要讓你拿不到疫苗……我只能稱他們為殺人犯。是的，指揮中心的每一個人，都是殺人的共犯……」

疫情為何擴散？死亡人數大增。因為台獨偽政權之妖女魔男用漢奸心態、個人私利和意識形態三種毒藥抗疫，當然不能解決問題。看來新冠病毒不如妖女病毒，妖女才是台灣禍源，何時能滅？

△六月中小結：《紐約時報》：十大最安全疫苗前四名中國產

《紐約時報》揭露科學家評估，全球十大最安全疫苗前四名都中國產。依序是：國藥、Sinovac、科興、康希諾，這四種疫苗全球已有百餘國使用，證明我大中國了不起，只有台灣蔡妖女拒用，小日本鬼子不用的送台灣，結果死一堆人，妖女好陰毒。

第五名開始依序：牛津／阿斯科康（英國）、輝瑞（美、德）、莫德納（美）、強生（美）、**Novavax**（美）、衛星五（俄）。

△六月小結：蔡氏妖女才是全台灣可怕的病毒

因「蔡氏病毒」全台封城，不要每天看確診和死人。我專心寫作，一個月寫完《芋頭史記：陳福成科幻歷史傳奇長詩劇》，為三千六百行長詩，分十一章記述。如何定位這本書，是現代詩集，內涵說政治、歷史或科幻均可。

△七月小結：台獨政權的妖女男魔持續為禍台灣

疫情稍緩，別管妖女男魔，每天專心寫作。

這個月完成兩本書：《龍族魂：陳福成籲天錄詩集》（約五千行長詩、

分五章）、《歷史與真相》（著編）；另《蔣毛最後的邂逅：陳福成中方夜譚春秋》，已寫到第十章，剩一章完工。

所以這個月等於完成三本書，很有成就感。

妖女持續為禍台灣，早些把台灣搞垮就早日統一，冷眼看這些漢奸網軍還能存活多久！

△八月小結：阿富汗被美帝丟棄，如一雙破鞋

這個月最夯的全球新聞，是阿富汗被邪惡美帝當成一雙破鞋，任意就遺棄了！下一個是台灣！

「妖女魔男肺病毒」為禍台灣四個月，死了近千人，到本月底確診都個位數，大家生活逐漸正常。

本月完成《大航海家鄭和——人類史上最早的慈航圖證》，只花了二十多天。

每天生活都規律又單純，早晨與妻走路運動，其他時間偶爾到文史哲和彭正雄喝壺茶。前面兩個星期天中午，約信義到彭公館小坐喝杯小酒，俊哥在桃園沒到，四人幫缺一。

八月出版的書有兩本：《甘薯史記：陳福成超時空傳奇長詩劇》、《芋頭史記：陳福成科幻歷史傳奇長詩劇》。

△九月小結：一個武裝地方割據政權持續在島內肆虐著

小島因蔡妖女病毒持續封鎖著，什麼活動都沒有，每天除了晨間走路兩小時，其餘時間都寫作。

五到本月共完成八本，本月正式出版有三本：《這一世只做好一件事：為中華民族留下一筆文化公共財》、《歷史與真相》、《龍族魂：陳福成籲天錄詩集》。

△十月小記：信義、俊歌、我假日彭哥小公館小聚

「蔡氏肺炎」稍緩，近一個多月的例假日，信義、俊歌、我到彭哥小公館小聚，是最近唯一的活動。

十月出版的書有《蔣毛最後的邂逅》（半科幻）。另本月也完成兩本書稿，《向明等八家詩讀後》、《陳福成二〇二一年短詩集》（二百六十首），均已交給彭小姐。

△十一月小結：欣見祖國大陸嚴懲頑固台獨份子，爽！

本月出版的書有三本：《大航海家鄭和》、《欣賞亞媺現代詩》、《向明等八家詩讀後》。

台大秘書室志工值班、台大教官和陸官44期福心會餐敍本月都恢復了。

本月完成的手稿有《中國新詩百年名家作品欣賞》（大陸為主），針對

約百人名家書寫，未來再寫「台灣之部」。手稿已交雅雲處理，最晚兩個月內，可正式出版，估計約四百多頁的書。

這個月，先跑三總，又跑榮總，看來已經七十歲，開始有問題了。

本月也有三個「熟人」到西方國生活：台大退聯會前理事長（第七、八屆）丁一倪教授、會員車化祥，及大專院校退休教師理事長簡明勇教授。

本月欣聞大陸針對台獨頑固份子，進行制裁，真是爽啊！早該制裁到牠們這群民族敗類，連呼吸空氣都困難，死無葬身之地才是。未來統一之後，像大漢奸李登輝等之墓應全用火藥炸毀，神州大地不論核心或邊陲，不容這群漢奸，以警示後世中華兒女。要當漢奸，要禍害中華民族，就是死無葬身之地！

參加今年文藝雅集

這是目前台灣地區辦的最好的「重陽節文藝雅集」，只有年滿65的資深作家詩人可參加，我已參加第6次。每次都有文壇老友相見歡：高準、彭正雄、台客、劉曼紅、郭文夫、許其正、落蒂、林錫嘉……難得一見，少不了打情罵俏。

文訊 |Wenhsun| 雜誌社

10048 臺北市中山南路 11 號 B2 樓
B2/F 11 Zhong-Shan S. RD., TAIPEI 100, TAIWAN, R.O.C.
TEL：(02)2343-3142．2343-3143．2343-3145
FAX：(02)2394-6103

敬愛的 **陳福成** 先生：

歡迎您參加 2021 文藝雅集「**愛無距離 攜手前行**」，活動時間為民國 110 年 11 月 26 日(星期五)10：00-13：00。**因疫情持續解封，原本採活動後提供餐盒的形式，現恢復往年的同桌共餐**，讓老朋友們能盡情餐敘。

為您安排的桌次為第 15 桌，因與會人數眾多，敬請準時出席，座位安排未盡如意，請多包涵。**今年活動提早於上午 10 點開始（09：00 起報到）**。當天請於報到處領取名牌，依桌次入席，如需協助，現場將有工作人員引導。

耑此 敬祝

大安

文訊雜誌社 敬上 2021.11

聯絡人：吳穎萍(02)2343-3142#302
黃基銓(02)2343-3142#301

2021 文藝雅集

雲無距離 攜手前行

DABULE NINTH FISTIVAL

節目表 | 節目主持人 | 朱國珍 |

09:00-10:00	報到進場
10:00-10:10	開場致詞
	財團法人台灣文學發展基金會董事長 封德屏
10:10-10:25	節目表演》經典國語組曲
	劉麗紅〈夜來香〉
	魏益群〈閃亮的日子〉
	合　唱〈在我生命中的每一天〉
10:25-10:35	節目表演》經典西洋組曲
	手風琴 林呈擎 + 歌手 陳虹竹
	西洋〈Like a Rolling Stone〉
	西洋〈 Blowing in the Wind〉
10:35-11:00	影片播放
	2021關懷列車探訪影片作家群
11:00-11:10	貴賓致詞
	文化部　李永得 部長
11:10-11:30	餐會進行
	與會來賓介紹
	贊助單位介紹
	紀念品項介紹
11:30-13:00	作家歡唱同樂
	鄭信盛・游淑靜・文　林・余玉照・陶明潔

2021 文藝雅集

DOUBLE NINTH FESTIVAL

餐會席次表

1 王榮文・李永得・陳瑩芳・封德屏・柴松林・陳哲妮・李秉真・履彊・鄭炯明・李台山・蘇元良

2 余玉照・周月坡・鍾喬・黃光男・閻振瀛・范瑞芬・蘇碩斌・何耀宗・簡靜惠・黃才郎・王蕙芬

3 古月・辛牧・張默・陶幼春・麥穗・林寶・碧果・墨韻・沈臨龍・李進文・葉益青

4 尹玲・向明・穆雲鳳・楊昌年・羅行・孟繼淇・陳得勝・簡政珍・溫德生・林于弘 ・紫鵑

5 大蒙・白靈・陸達誠・林正三・龔華・靈歌・曾美霞・陳鴻森・王婷・栞川・楊宗翰

6 林武憲・林煥彰・棕色果・洪文瓊・曹俊彥・陳正治・陳亞南・鄭仰貴・林銀・林政華・林瑋

7 江彥震・宋細福・林國隆・莊華堂・陳石山・陳光憲・游鍋安・游朱音麗・黃永達・黃恆秋・葉蒼秀

8 高準・郭文夫・郭妙・金劍・崔崇光・張雪琴・齊衛國・余玉英・李啟端・李舫・郭兀

9 亮軒・陶曉清・陳憲仁・曾麗華・隱地・溫小平・張光斗・趙琴・李有成・單德興・彭樹君

10 廖玉蕙・蔡全茂・應鳳凰・劉靜娟・陳若曦・林耀堂・林黛嫚・游淑靜・愛亞・方梓・宇文正

11 喬林・吳雪卿・林清秀・林央敏・趙迺定・陳凌・潘台成・鍾順文・徐如林・陳明仁・姚榮松

12 司馬中原・吳融賁・葉言都・李亞南・唐美惠・郭心雲・六月・林立青・陳慈銘・保真・李銘愛

13 袁家瑋・蒙永麗・龔旭初・樸月・應平書・唐潤鈿・周全・梁良・孫清吉・鄧鎮湘

14 邱各容・夏婉雲・許建崑・許義宗・陳木城・黃海・蔡清波・徐惠隆・蔡登山・秦賢次・林衡哲

15 台客・林錫嘉・許其正・陳福成・傅予・彭正雄・落蒂・綠蒂・劉曼紅・蘭觀生・徐子林

16 余崇生・沈花末・趙妍如・古梅・吳東權・黃漢龍・毛先榕・白慈飄・汪鑑雄・歐銀釧・鄭向恆

17 許王・許娟娟・陳剩・楊蓮英・謝震隆・謝美枝・王水衷・翁翁・楊樹清・吳鈞堯・王先正

18 王成勉・李宜涯・田新彬・楊小雲・郜瑩・宋雅姿・徐翊維・袁言言・高雷娜・蔣竹君・劉淑華

19 何騨衢・焦士太・梁秀中・佛鬘・陳宏勉・林淑女・曾仕猷・曾仕良・寧可・寧忠湘・陳朝寶

20 李宗慈・丘秀芷・沈萌華・龔書綿・陳佩璇・文林・林少雯・凌拂・顏艾琳・姚家彥・林宜妙

21 王愷・陳美潔・趙明・阮淑琴・連勝彥・徐松齡・王漢金・王胡新妹・蔣孟樑・鍾明德・邢運蓉

22 吳疏潭・李在敬・徐瑜・張慧元・莊麗月・董益慶・蔣震・傅慧成・黃文範・李薇

23 江澄格・洪銘水・高天恩・梁欣榮・許麗卿・陳秀潔・歐茵西・蘇正隆・陳慶煌・陳連禎・齊飛

24 傅依萍・吳雪雪・李蜚鴻・黃寤蘭・歐陽元美・陳小凌・程榕寧・孫小英・林芝・王克敬・湯芝萱

25 何騨衢・何耀宗・佛鬘・林淑女・林耀堂・孫少英・陳甲上・陳宏勉・曾仕良・寧可・寧忠湘

26 南橋思・邱秀堂・胡爾泰・涂靜怡・陳欣心・趙化・汪詠黛・楊錦郁・覺涵法師・陳思妤・林秋霞

27 方祖燊・黃麗貞・左秀靈・劉蘋華・李鍌・胡子丹・殷勝祥・杜奇榮・任真・梁錦興・張晏瑞

|策畫| 財團法人台灣文學發展基金會　|贊助| 文化部　台北市文化局　文總 GACC　洪建全教育文化基金會

|禮品贊助| 三花棉業　BenQ 明基基金會　|承辦| 文訊雜誌社

|協辦| 人人間福報・大海洋詩雜誌社・山海文化雜誌社・不倒翁視覺創意工作室・文創達人誌・中國文藝協會・中國婦女寫作協會・中華日報副刊・中華民國兒童文學學會／火金姑會訊・中華民國專欄作家協會・中華民國筆會／台灣文譯・中華金門筆會・文學台灣雜誌社・世界女記者與作家協會—中華民國分會・台北市閱讀寫作協會・台灣客家筆會／文學客家・台灣詩學季刊社・台客詩社・幼獅文藝・印刻文學生活誌・有荷文學雜誌／喜菡文學網・明道文藝・金門縣文化局・金門文藝・金門旅外藝文學會・金門報導・青溪新文藝・客家雜誌社皇冠雜誌・秋水詩刊・紀州庵文學森林・海翁台語文學雜誌社・乾坤詩刊雜誌社・國文天地雜誌社・國立傳統藝術中心・國語日報社・野薑花詩社・創世紀詩雜誌社・普音文化公司開朗雜誌事業有限公司・掌門詩社・葡萄園雜誌社・聯合文學雜誌・聯合報副刊・聯經出版事業股份有限公司・藝術家雜誌社・鹽分地帶文學／臺南市政府文化局

△十二月小記：聽到「攝護腺癌指數超高」，心情沈重！

第一天就到三總看檢查結果，醫生說「攝護腺癌指數超高」，正常是五，我已高達19，當即安排要在內湖三總住院切片檢查。

心情還是有些沈重！雖說平時自勉生死度外，不知為何？一顆心突然重了起來。

經太太和孩子的努力，轉榮總再檢查、住院切片，病理化驗，經兩個星期折騰，終於得知「良性」結果，放下一顆心。而癌指數超高，就持續吃藥、追蹤、檢查，這就是人生的黃昏功課吧！

本月完成《流浪在神州邊陲的詩魂—台灣新詩人詩社詩刊》一書，手稿交出版社彭雅雲小姐。

今年完成的書，有十五本，其中十三本今年已出版（詳見書末著作目錄），兩本明年元月或二月內，都可完成出版上市。現在大陸買我書多，台灣反而少，台獨偽政權搞成了文化沙漠，年輕一代光會搞同婚，心靈空虛，不讀書！真是悲哀之島！

今年「冠狀病毒」禍害台灣，竟死了近千人，可惡的是，死了這麼多人，空心菜身為領導，竟不理不睬，不問不聞。而美帝領導拜登死了一條狗，倭人國死一鬼子漫畫家，牠竟發文悼念，多邪惡的女人。因此，登上世界許多國家的頭條新聞，歷史會批判牠，因果不會放過牠！

佛曆二五六五年　公元二〇二二年（民一一一年）

民國一一一年（二〇二二年）

太滿意了

滿意都寫在臉上
比銀行有存款更滿意
杯中裝的滿意溢出
是謂太滿意

成功不必在我
當四週全是滿意
你的不滿意也滿意了
滿意的瞳孔會醉

發　了

舅公真是發了
擁有這麼多快樂
也就不要胡思亂想
這不是發了這是什麼？

還有更多的
以後他們當了領導
或百大首富
都和舅公有關，真是發了

△元月新春小記：范揚松新春禮贊：春秋椽筆•軍魂不死

多麼驚悚！竟然一下到了二〇二二年元月，正是我的七十歲，古稀啊！本月有何可記？除了和太太跑了幾趟榮總。這個月寫完《漂泊在神州邊陲的詩魂：台灣新詩人詩社詩刊》，過完年假可交給雅雲！

除夕前老友范揚松傳來他的讚美詩，讚我「軍魂不死」，當年出版《決戰閏八月》，北京《軍事專刊》封我「台灣軍魂」，一頂心虛的大帽子。欣賞老友的詩，他寫出了我的想法和作為。

范揚松讚嵌：春秋椽筆．軍魂不死

春樹暮雲懷初衷，秋毫默察堪異同；

椽柱猶盼救危傾，筆墨誅伐劍如虹！

軍臨城下擊警鐘，魂入篇章誰與共？

不器隨緣難自在，死眉瞪眼試險鋒！

70歲，不相信竟已70歲，往事皆如昨，陸官七年、野戰部隊十九年、台灣大學五年、二任四年的台大退聯會理事長。這是幾個重要的人生階段，都好像是昨天的事，時間很奇妙，就是一天天的過。

70歲，要不要做個「總結」？明天以後都是未知數，網路上流傳各種災難（大地震、戰爭、瘟疫等）。也許就沒有明天了，但好像也不能太悲觀，到了古稀之年，一切都要放下，包含災難！

自編年表寫到這裡，70歲，又逢二〇二二年春節，我在朦朧中想著七十年歲月怎麼過的。春節期間，阿妙（洪玲妙）傳來一段話，大意說一年又一年，豐富了記憶，蒼老了容顏，迎來了春天，送走了冬寒。一年又一年，我們從孩童走進中年，從中年走到老年，不必感慨也不必抱怨，最好的皆是順其自然。一年又一年，感念相識，珍惜相遇。算來認識阿妙也超過五十年了，近十多年來很少見面，我曾對她說過：「百年不見、友誼不變」！

《七十自編年表》就寫到這裡，元月是我的七十歲整，之後每月我仍有一生活簡記。未來大約每兩——三年，會補充再版。

陳福成著作全編總目

壹、兩岸關係

決戰閏八月
防衛大台灣
解開兩岸十大弔詭
大陸政策與兩岸關係

貳、國家安全

國家安全與情治機關的弔詭
國家安全與戰略關係
國家安全論壇。

參、中國學四部曲

中國歷代戰爭新詮
中國近代黨派發展研究新詮
中國政治思想新詮
中國四大兵法家新詮：孫子、吳起、孫臏、孔明

肆、歷史、人類、文化、宗教、會黨

神劍與屠刀
中國神譜
天帝教的中華文化意涵
奴婢妾匪到革命家之路：復興廣播電台謝雪紅訪講錄
洪門、青幫與哥老會研究

伍、詩〈現代詩、傳統詩〉、文學

幻夢花開一江山
赤縣行腳・神州心旅
「外公」與「外婆」的詩
尋找一座山
春秋記實
性情世界
春秋詩選
八方風雲性情世界
古晟的誕生
把腳印典藏在雲端
從魯迅文學醫人魂救國魂說起
六十後詩雜記詩集

陸、現代詩（詩人、詩社）研究

三月詩會研究
我們的春秋大業：三月詩會二十年別集
中國當代平民詩人王學忠
讀詩稗記
嚴謹與浪漫之間
一信詩學研究：解剖一隻九頭詩鵠
囚徒
胡爾泰現代詩臆說
王學忠籲天詩錄

柒、春秋典型人物研究、遊記

山西芮城劉焦智「鳳梅人」報研究
在「鳳梅人」小橋上
我所知道的孫大公

為中華民族的生存發展進百書疏
金秋六人行
漸凍勇士陳宏

捌、小說、翻譯小說

迷情・奇謀・輪迴、
愛倫坡恐怖推理小說

玖、散文、論文、雜記、詩遊記、人生小品

一個軍校生的台大閒情
古道・秋風・瘦筆
頓悟學習
春秋正義
公主與王子的夢幻、
洄游的鮭魚
男人和女人的情話真話
台灣邊陲之美
最自在的彩霞
梁又平事件後

拾、回憶錄體

五十不惑
我的革命檔案
台大教官興衰錄
迷航記、
最後一代書寫的身影
我這輩子幹了什麼好事
那些年我們是這樣寫情書的
那些年我們是這樣談戀愛的
台灣大學退休人員聯誼會第九屆理事長記實

拾壹、兵學、戰爭

孫子實戰經驗研究
第四波戰爭開山鼻祖賓拉登

拾貳、政治研究

政治學方法論概說
西洋政治思想史概述
中國全民民主統一會北京行
尋找理想國：中國式民主政治研究要綱

拾參、中國命運、喚醒國魂

大浩劫後：日本 311 天譴說
日本問題的終極處理
台大逸仙學會

拾肆、地方誌、地區研究

台北公館台大地區考古・導覽
台中開發史
台北的前世今生
台北公館地區開發史

拾伍、其他

英文單字研究
與君賞玩天地寬（文友評論）
非常傳銷學
新領導與管理實務

2015 年 9 月後新著

編號	書　　名	出版社	出版時間	定價	字數(萬)	內容性質
81	一隻菜鳥的學佛初認識	文史哲	2015.09	460	12	學佛心得
82	海青青的天空	文史哲	2015.09	250	6	現代詩評
83	為播詩種與莊雲惠詩作初探	文史哲	2015.11	280	5	童詩、現代詩評
84	世界洪門歷史文化協會論壇	文史哲	2016.01	280	6	洪門活動紀錄
85	三搞統一：解剖共產黨、國民黨、民進黨怎樣搞統一	文史哲	2016.03	420	13	政治、統一
86	緣來艱辛非尋常－賞讀范揚松仿古體詩稿	文史哲	2016.04	400	9	詩、文學
87	大兵法家范蠡研究－商聖財神陶朱公傳奇	文史哲	2016.06	280	8	范蠡研究
88	典藏斷滅的文明：最後一代書寫身影的告別紀念	文史哲	2016.08	450	8	各種手稿
89	葉莎現代詩研究欣賞：靈山一朵花的美感	文史哲	2016.08	220	6	現代詩評
90	臺灣大學退休人員聯誼會第十屆理事長實記暨 2015～2016 重要事件簿	文史哲	2016.04	400	8	日記
91	我與當代中國大學圖書館的因緣	文史哲	2017.04	300	5	紀念狀
92	廣西參訪遊記（編著）	文史哲	2016.10	300	6	詩、遊記
93	中國鄉土詩人金土作品研究	文史哲	2017.12	420	11	文學研究
94	暇豫翻翻《揚子江》詩刊：蟾蜍山麓讀書瑣記	文史哲	2018.02	320	7	文學研究
95	我讀上海《海上詩刊》：中國歷史園林豫園詩話瑣記	文史哲	2018.03	320	6	文學研究
96	天帝教第二人間使命：上帝加持中國統一之努力	文史哲	2018.03	460	13	宗教
97	范蠡致富研究與學習：商聖財神之實務與操作	文史哲	2018.06	280	8	文學研究
98	光陰簡史：我的影像回憶錄現代詩集	文史哲	2018.07	360	6	詩、文學
99	光陰考古學：失落圖像考古現代詩集	文史哲	2018.08	460	7	詩、文學
100	鄭雅文現代詩之佛法衍繹	文史哲	2018.08	240	6	文學研究
101	林錫嘉現代詩賞析	文史哲	2018.08	420	10	文學研究
102	現代田園詩人許其正作品研析	文史哲	2018.08	520	12	文學研究
103	莫渝現代詩賞析	文史哲	2018.08	320	7	文學研究
104	陳寧貴現代詩研究	文史哲	2018.08	380	9	文學研究
105	曾美霞現代詩研析	文史哲	2018.08	360	7	文學研究
106	劉正偉現代詩賞析	文史哲	2018.08	400	9	文學研究
107	陳福成著作述評：他的寫作人生	文史哲	2018.08	420	9	文學研究
108	舉起文化使命的火把：彭正雄出版及交流一甲子	文史哲	2018.08	480	9	文學研究

109	我讀北京《黃埔》雜誌的筆記	文史哲	2018.10	400	9	文學研究
110	北京天津廊坊參訪紀實	文史哲	2019.12	420	8	遊記
111	觀自在綠蒂詩話：無住生詩的漂泊詩人	文史哲	2019.12	420	14	文學研究
112	中國詩歌墾拓者海青青：《牡丹園》和《中原歌壇》	文史哲	2020.06	580	6	詩、文學
113	走過這一世的證據：影像回顧現代詩集	文史哲	2020.06	580	6	詩、文學
114	這一是我們同路的證據：影像回顧現代詩題集	文史哲	2020.06	540	6	詩、文學
115	感動世界：感動三界故事詩集	文史哲	2020.06	360	4	詩、文學
116	印加最後的獨白：蟾蜍山萬盛草齋詩稿	文史哲	2020.06	400	5	詩、文學
117	台大遺境：失落圖像現代詩題集	文史哲	2020.09	580	6	詩、文學
118	中國鄉土詩人金土作品研究反響選集	文史哲	2020.10	360	4	詩、文學
119	夢幻泡影：金剛人生現代詩經	文史哲	2020.11	580	6	詩、文學
120	范蠡完勝三十六計：智謀之理論與全方位實務操作	文史哲	2020.11	880	39	戰略研究
121	我與當代中國大學圖書館的因緣（三）	文史哲	2021.01	580	6	詩、文學
122	這一世我們乘佛法行過神州大地：生身中國人的難得與光榮史詩	文史哲	2021.03	580	6	詩、文學
123	地瓜最後的獨白：陳福成長詩集	文史哲	2021.05	240	3	詩、文學
124	甘薯史記：陳福成超時空傳奇長詩劇	文史哲	2021.07	320	3	詩、文學
125	芋頭史記：陳福成科幻歷史傳奇長詩劇	文史哲	2021.08	350	3	詩、文學
126	這一世只做好一件事：為中華民族留下一筆文化公共財	文史哲	2021.09	380	6	人生記事
127	龍族魂：陳福成籲天錄詩集	文史哲	2021.09	380	6	詩、文學
128	歷史與真相	文史哲	2021.09	320	6	歷史反省
129	蔣毛最後的邂逅：陳福成中方夜譚春秋	文史哲	2021.10	300	6	科幻小說
130	大航海家鄭和：人類史上最早的慈航圖證	文史哲	2021.10	300	5	歷史
131	欣賞亞熾現代詩：懷念丁穎中國心	文史哲	2021.11	440	5	詩、文學
132	向明等八家詩讀後：被《食餘飲後集》電到	文史哲	2021.11	420	7	詩、文學
133	陳福成二〇二一年短詩集：躲進蓮藕孔洞內乘涼	文史哲	2021.12	380	3	詩、文學
134	中國新詩百年名家作品欣賞	文史哲	2022.01	460	8	新詩欣賞
135	流浪在神州邊陲的詩魂：台灣新詩人詩刊詩社	文史哲	2022.02	420	6	新詩欣賞
136	漂泊在神州邊陲的詩魂：台灣新詩人詩刊詩社	文史哲	2022.04	460	8	新詩欣賞
137	陸官 44 期福心會：暨一些黃埔情緣記事	文史哲	2022.05	320	4	人生記事
138	我躲進蓮藕孔洞內乘涼–2021 到 2022 的心情詩集	文史哲	2022.05	340		詩、文學
139	陳福成 70 自編年表：所見所做所寫事件簿	文史哲	2022.05	400	8	傳記

陳福成國防通識課程著編及其他作品

（各級學校教科書及其他）

編號	書　　　　　名	出版社	教育部審定
1	國家安全概論（大學院校用）	幼　獅	民國 86 年
2	國家安全概述（高中職、專科用）	幼　獅	民國 86 年
3	國家安全概論（台灣大學專用書）	台　大	（臺大不送審）
4	軍事研究（大專院校用）（註一）	全　華	民國 95 年
5	國防通識（第一冊、高中學生用）（註二）	龍　騰	民國 94 年課程要綱
6	國防通識（第二冊、高中學生用）	龍　騰	同
7	國防通識（第三冊、高中學生用）	龍　騰	同
8	國防通識（第四冊、高中學生用）	龍　騰	同
9	國防通識（第一冊、教師專用）	龍　騰	同
10	國防通識（第二冊、教師專用）	龍　騰	同
11	國防通識（第三冊、教師專用）	龍　騰	同
12	國防通識（第四冊、教師專用）	龍　騰	同

註一　羅慶生、許競任、廖德智、秦昱華、陳福成合著，《軍事戰史》（臺北：全華圖書股份有限公司，二〇〇八年）。

註二　《國防通識》，學生課本四冊，教師專用四冊。由陳福成、李文師、李景素、頊臺民、陳國慶合著，陳福成也負責擔任主編。八冊全由龍騰文化事業股份有限公司出版。